观念改变城市

地产策划案例分析

首度公开10个知名房地产个案营销X档案

深度解析建筑、空间、市场、生活、[illegible]、观念的内在关联

喻际如 主编

撰稿人

喻际如 赵[illegible] 沈光[illegible] [illegible]晖

洪峰 龙亚[illegible] [illegible]强 欧[illegible] [illegible]小芳

范时勇 曾[illegible] 夏[illegible] [illegible] 宋伟

重庆大学出版社

图书在版编目(CIP)数据

观念改变城市:地产策划案例分析 / 喻际如主编. 重庆:重庆大学出版社,2008.8
(立业创意书系)
ISBN 978-7-5624-4572-2

Ⅰ.观… Ⅱ.喻… Ⅲ.房地产—策划—案例—分析—重庆市 Ⅳ.F299.277.19

中国版本图书馆CIP数据核字(2008)第094282号

观念改变城市

地产策划案例分析

喻际如 主编
撰稿人
喻际如 赵耀 沈光明 付春晖 洪峰 龙亚 刘强 欧重飞
吕小芳 范时勇 曾钰钦 夏帆 杨静怡 宋伟 常劼
图片提供:褚冬竹 黄 梅
责任编辑:梁 涛 王嘉琛 版式设计:周 娟 刘 玲
责任校对:任卓惠 责任印刷:赵 晟
*
重庆大学出版社出版发行
出版人:张鸽盛
社址:重庆市沙坪坝正街174号重庆大学(A区)内
邮编:400030
电话:(023) 65102378 65105781
传真:(023) 65103686 65105565
网址:http://www.cqup.com.cn
邮箱:fxk@cqup.com.cn(市场营销部)
全国新华书店经销
重庆三联商和包装印务有限公司印刷
*
开本:787mm×1092mm 1/16 印张:10.75 字数:148千
2008年8月第1版 2008年8月第1次印刷
印数:1—4 000
ISBN 978-7-5624-4572-2 定价:58.00元

序

这是一本怎样的书

这不仅仅是一本关于城市的书，关于城市的专业表达固然会让人肃然起敬，但稍有不慎便会落入被读者束之高阁的命运，显然，这不是作者的初衷。

这也不仅仅是一本关于观念的书，和最近受推崇的大前研一、汤姆彼得斯、奈施比特的观念相比，任何表达都有班门弄斧之嫌——不是每位作者都具备传经布道的功力。

但意外发生了，这本书力图去表达这两种内容的可转换性，交融性，而且，书中所涉及内容还远不止于此。

这是一个大变革的时代，我们对此深信不疑，城市的变迁更是可以用“剧烈”来形容，有人就中国内地城市建设有个黑色幽默：大意是中国为什么是“CHINA”，因为它的英文读音和我们这个城市建设形势极其相似：“拆了”，虽仅两字，意味深长，它或许表达了一个时代中城市建设的不可逆转，或许道出了文化传承和创意的歧路徘徊，或许焦虑于我们这个城市最终何去何从？有些拷问是现实的，比如我们的城市越来越千城一面，个性迷失；有些追捧是狂热的，比如外来文化元素在本土建筑上一再显露，让我们战战兢兢感受着国际潮流。

城市向何处去？这是一个时代的人不停的追问，追问还会继续，因为，暂时无解。

有这样一群人，他们不是城市规划师，没有去规划这个城市未来的壮志豪情，他们也不是建筑设计师，无意于身体力行表达城市建筑细胞最直接的个性，但他们的视角，却能给我们这些深陷于城市焦虑症的人一些启示。或许，他们直击了城市规划专业本身的误区，他们就是这本书的编写者。他们思考以下一些看似奇特的问题：城市是应该如何和人的生活方式紧密相连？城市应该如何关照对投资者利益回报？城市又如何在两种力量的平衡下形成一个有机整体？他们的想法质朴，但和这个城市的转变紧密相连，这也就是本书的关键内容。

从这个意义上讲，这是一本房地产营销思辨的书，以城市为背景，力图通过人的研究来找到城市成长的规律，最终的结果是，通过这样的营销逻辑，他们不同的项目在市场上都受到了追捧，或许实践，实效，是关于这本书的最佳解答。如果还需要有一个描述，那就是全景式的记录，力图充分表达每一个项目营销过程中的全部真实。

那么，这些项目经历了怎样的思想与实践的过程？启示性又在哪里？深入探讨之，那就是城市、建筑、人、生活方式，究竟是以怎样的状态存在。世界万物皆有联系，唯一可以置疑的是联系方式。

这是一次关于营销思想的探寻，在这个时代中没有标准答案，人们都在探寻中……

营销的本质是创造价值

营销的本质是什么，营销的本质就是满足消费者的需求，这个答案显而易见。如果要深入追问营销过程，答案也是如此简单：发现需求，创造价值，传递价值，满足需求。但如何去面对房地产项目价值创造？

关于价值创造和营销需求，马斯洛（Abraham.H.Maslow）

在需求层次中有十分系统的阐述，他把人类需求分为五个层次：生理需求、安全需求、爱与归属、社会认同和自我实现。人是一个社会型的动物，人的群居性注定了需求的不同层次，房地产是人类最重要的需求品，所以对人的解构也十分有趣。

房地产要解决归属感

有一个显而易见的习惯，不论是摊大饼式发展的城市，如北京、成都，还是如重庆一样组团式发展的城市，人们都有对原区域的眷恋情结，东城的说东城好，西城的说西城佳。事实上，东城西城的本来城市面貌和居住环境可能有天壤之别。交通的改善和交流方式的革命推动着城市距离逐步缩小，汤姆彼得斯甚至惊呼："距离已死"，但这种"淮南淮北"的乡土观念，依然影响着消费者的购买决策。

这就是"房""地""产"中"地"的重要提示，这个提示实质是归属感。放大来看，房地产作为商品，它的区域价值是营销需要重点规划的，选择一个产品之前，你的区位购买理由准备充分了吗？你是在创造生态之区，文化之区，尊崇之区，还是其他可以让消费者找到归属的区位价值？区位价值背后是城市，究其根源，还是归属，表达的方式可以多样，可以是项目主题化带来的归属暗示，如重庆的鲁能星城的教育；也可以是区位联动如富人区的提出，重庆有北部新区，北京有温榆河畔；更可以是城市运营高度吸引，比如成都，一个来了就不想离开的城市；或者更高，上升至国家定位，以国家竞争力来推动项目营销。方式迥异，但大抵都归纳为归属感创造。

归属感创造的营销思想，在本书中有相当的篇幅，比如浪高项目营销过程中提出的"中心化就是竞争力"，力图以城市中心的垄断性，不可重生性来找到项目归属，对房地产项目而言，不是中心化就要创造中心化，这个中心可以是地理的，也可以是精神的。其实我们的合作伙伴浪高团队董事局主席，是个十分有思想的人，他有两点营销思路至今对我们有借鉴意义，第一是目标清晰，决不动摇，第二是营销造势，决不雷同。有时想想，对于服务机构而言，最大的成功往往都是合作伙伴的英明，因为他们掌握着最后决策的力量，更可贵的是，他们拥有非凡的创造力。

谈到归属感，还可以看看"北城未来国际"，项目区位较偏，周边有社区阻挡，项目营销策划进程中更是提出了跨河而建，打通城市任督二脉的宏大构想。当这些构想呈现于眼前，你会发现，房地产与城市是多么有机难割，解决产品归属感是营销有意无意之举，或许这已经形成一群有营销经验团队的潜意识，这也会有另一个启示：看待城市，我们需要一个接近人的尺度，我们的归属应该如何寄托？这是房地产项目营销中的潜在线索，也是书中所提及观念改变城市思想的有力支持。这是一个"人"的城市。

房地产规划功能性

这里说的功能性，已不是简单日常起居概念，涉及对这个城市最细分人群的深入理解，书中有两个房地产功能性创造让人印象深刻，一个"19"平方米公寓的出现，一个"260"平方米独栋小别墅的创造。人们已经习惯了30平方米以上小公寓的产品空间表达形式，但营销团队经过深入的消费分析，发现城市发展过程中，80后年轻消费人群对居住概念的"停留"式理解，结合细分人群对城市便捷的眷恋，在一个叫"亮阁"的改造项目营造出城市中心超级MINI公寓概念，其创造之大胆，在国内也不多见。另一个项目，在市场独栋别墅主力在300～500平方米的市场态势下，创造出了精英小独栋，面积之小直逼联排，而附加空间之舒适性和独栋势均力敌，结果也自当让人惊叹。做得好一点未必有竞争力，这是市场丛林法则下新的思考，营销关键是我们需要做得不同，你的设计有差异化吗？这是国外DFS(Design for surprise)兴起的重要原因。功能性的问题是如何建立差异化竞争力的问题。这是“房”“地”“产”中关于“房”的重要解读，也就是功能差异化创造。

房地产要创造符号性

产品具备功能性和符号性两大特征，这是当前市场营销环境下的基本认识，房地产项目也不例外。IPOD随身听风靡全球，IKEA的北欧美学也正在受到世人前所未有的追捧，LV的方寸小包更是万元高价为品味一族狂热跟风，这是一个创造符号化需求，以对应阶层的年代，符号代表着一种前所未有的消费感动。当然，这也是营销发展过程的规律使然，我们正在经历从理性到感性，再到感动的营销过程。就中国房地产成功企业而言，万科正在以“建筑无限生活，从懂得你的生活开始”，一路高歌猛进，并在2007年创下500亿之巨的业绩，而本书案例中，重庆龙湖也在以“善待你一生”征服着这个城市的住宅消费者，也因之而细分出非其物业不买的“龙民”阶层。万科、龙湖这些企业已经将房地产生活化，生活符号化了，书中案例之所以能够有相当程度的影响力和成功，也在通过符号化的建立，一步步推动着营销价值创造和实现，在创意经济逐渐深入到地产的今天，这种符号化的价值将更加凸显，这是“房”“地”“产”中关于“产”的重要解读。你或许会想，我们的产品什么时候新桃换旧符？

归属感要精准，功能要创新，符号要感动，或许这是本书对营销的一些不完全成型的理解，在现实的房地产营销过程中，这些观点可以有相当实在的指导作用。本书还涉及营销推动过程中的逻辑思辨，诸如怎样在时间、空间和人本需求中找到最佳平衡等，这需要读者本人深入其中，各自品评，阅读本身也是一次营销体验，最重要的是在场感，这个无法替代。

当下，中国房地产市场正在经历一波调控下的变化，但城市化进程不可逆转，发展依然是未来的基本选择，房地产也因之必然是未来城市发展的重要支柱。作为一个城市，北京因奥运在即备受关注，水立方建设即将完成，鸟巢也进入了最后装饰阶段，“大裤衩”CCTV中心也即将完成他的拉链门，城市不可避免地在人们的议论声中不断成长。

一些思考也还将继续，我们究竟需要一个怎样的栖居城市？营销探索者又该如何诠释人这个万物之灵的尺度？过往和正在进行的这些探寻，只是一群人接近、理解这个城市和人的努力。很庆幸，事实证明这些努力是有效的。

沈光明

2008年5月

目 录

CONTENTS

“无中生有”一座城

——皇冠自由城巧借“Shopping Park”概念全解析

在商业氛围并不成熟的重庆五黄路干道上，“无中生有”打造一座商业城邦，这个看似不可思议的决定，却能在对“SHOPPING PARK”概念的营销中，风卷残云般把所有商铺一销而空，半年之内，实现销售收入1.6亿元，创下当时房产销售的历史新高，成为又一个成功营销的神话。

点评

观念可以决定建筑的气质，建筑的气质也可以提升区域价值，甚至为整个区域的人群创造一种全新的生活方式，所以我们创建了“皇冠自由城”。

我们秉承“以人为本、生态生活”的居住理念，致力于打造“健康、快乐、生态、节能”的生活空间。

未来的房地产市场，品质将决定一切，而楼盘品质将取决于开发商的诚信。压力与机遇同在，希望我们能够打造出更多高品质楼盘，让城市为之感动，重庆楼市更加绚丽多彩。

重庆皇冠建设开发有限公司总经理　陈开国

2008 年 2 月 19 日

第一个吃螃蟹的人

2003 年的重庆房地产业，正是大盘开始登上时代舞台的历史时刻。但由于当时的项目大多处于开发初期，新开发的大盘还不成熟，入住

业主少、周边配套不到位等多种因素，更让大盘社区内的商铺少人问津。

2003 年，台湾皇冠企业在重庆倾力打造一座集高尚住宅、商务公寓、商业服务配套等综合物业形态为一体的“皇冠自由城”，项目占地面积 23 885 平方米，总建筑面积 107 400 平方米，位于北部城区“五黄路”城市主干道旁，成为当时“重庆向北（当时重庆城市的中心在房地产企业的带动下，正在向北部扩展）”运动中“地产造城”的先锋之一。而在社区内打造一座商业城，无疑成为了第一个吃螃蟹的人，皇冠自由城“Shopping Park”的出现，正是吃螃蟹的一次成功尝试。

皇冠自由城所在的五黄路，实际上还是个快速干道。早在 2000 年，五黄路上的天骄俊园、金科花园、皇冠东和、欧式一条街、海怡花园等 5 家楼盘就携手组建过“五黄大联盟”，共同喊出了“五黄大社区”的响亮口号，此后，一个高品质的社区形象脱颖而出。截至 2003 年，五黄大社区已具备了 13 万人口的消费能量。

但不尽如人意的是，社区内的居民为了一次普通的日常购物，却需要乘车 5 分钟左右，到附近的观音桥才能进行采购，显然，这时的五黄路，其商业环境还没有形成，居民的消费需求得不到基本的满足。

←北欧，热闹繁华的商业内街

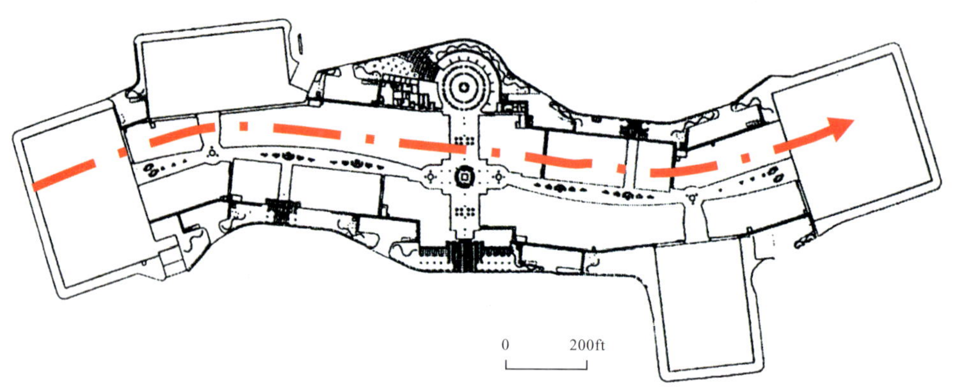

从某种意义上说，此时“五黄大社区”的情况就如一把双刃剑，一方面，其周边随着社区的建设与城市化发展，已经云集了众多的商务办公场所，如东和银都、国际商会大厦、中信银行大厦、华创国际、帝豪丽都等项目，五黄路地区已具备了建立中高档商务平台的良好条件，而“五黄大社区”却没有满足社区居民日常消费需求的商业配套，展现出一个巨大的市场空白，让人感到商机无限。

另一方面,这座在“五黄大社区”内“无中生有”拔地而起的“皇冠自由城”正面临一道难题，这样大型的集合式的地产规划，面对如此不够成熟的商业氛围，怎样才能布道画圆，让招商工作得以顺利地开展和完成?

此时,这项浩大的工程已经动土成形,其前景与命运却仍是个未知数。

找到一个突破口

2003 年 3 月，以台湾皇冠企业为首的投资团队，经过一番深思熟虑，决定携手专业地产顾问公司组成新的工作团队，希望通过创新营销的方式，把这座“无中生有”的皇冠自由城成功地推向市场。

此时，工作团队感到了一种莫大的压力。此次的营销方案不同于

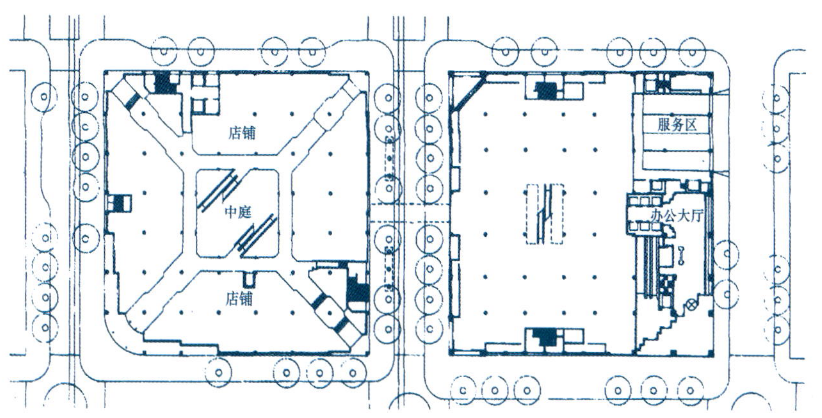

以往，需要在一个缺少商业氛围的地方，打造一个全新的人声鼎沸的商业社区，并得到本地市民的认可与喜爱，从而进行成功的招商引资。这就好比在一个从不穿鞋的地方热卖蹭亮的高档皮鞋，其难度可想而知。

有压力才有动力，工作团队首先确定了项目整体包装的方向。针对皇冠自由城集住宅、商务公寓、商业服务配套为一体的综合物业形态，将其定位于非集中式的社区商业步行街，并锁定投资消费人群、经营消费人群、终极消费人群为自身项目的三大消费群体。

不仅如此，工作团队还经过详细的调查论证后确定，投资消费人

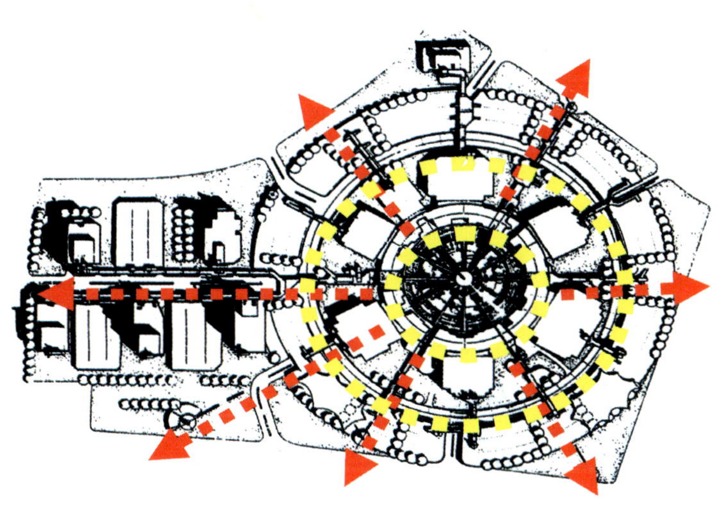

↓ 皇冠自由城开启了重庆主题型社区商业先河

群、经营消费人群、终极消费人群的共性心理特征表现为：注重产品是否具有升值潜力；关注地段位置的优劣，交通是否方便，聚集人气的能力如何；注重经营环境带来的影响；注重产品品质与舒适性；注重产品的新鲜感与时尚感。

根据对这三类人群的心理需求的研究，工作团队迅速作出反应，这三大消费群体需要的是一种集时尚、休闲、娱乐为一体的创新社区购物场所。这在重庆的各大社区里，还未开先河。有了这个大致的判断，工作团队就像为自己的主攻阵地找到了一个突破口，等待冲锋的就是那一声响亮的枪声。

一种新商业模式的诞生

找到了一个突破口后，工作团队既如释重负，又忧心忡忡。这样一种社区内的商业形态，在当时的重庆地产中，尚无先例。怎样才能“一

→ 建筑形态设计——网络

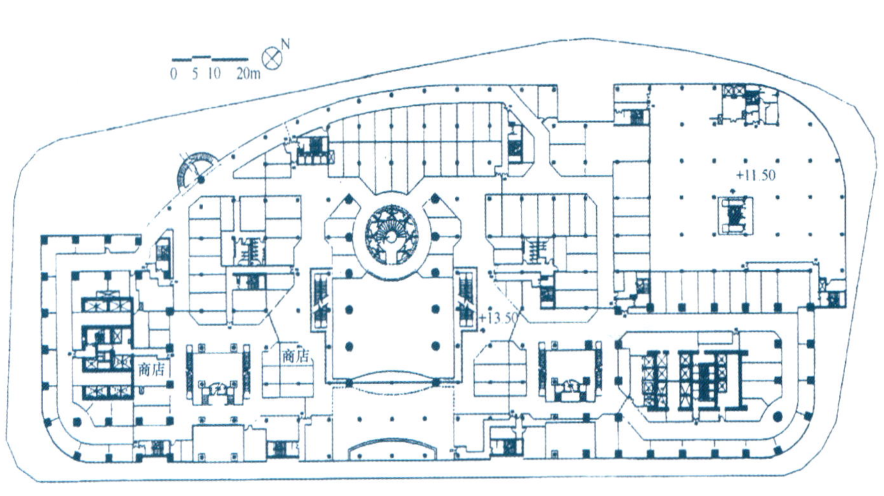

炮而红”，把一种创造性的商业理念深植人心？

在国外，已经有了一种全新的商业模式“Shopping Park”，即“在发挥区域商业中心的商业服务主体功能的同时，兼而成为拥有公园功能的城市公共活动空间。”这个概念的提出，在当时轰动一时。对呀，“Shopping Park”……想到这里，工作团队的眼前突然一亮，大家仔细一讨论，这个概念虽然在国外已有了先例，可对于处于成长期的重庆房地产市场来说，无疑又是一次超越性的突破，前景的确令人拭目。

一次全新的超越

此时，“Shopping Park”一遍遍地徘徊在工作团队脑海中，就像一针兴奋剂，全体人员都为之欢欣鼓舞。可以想象，这样一个全新的概念，如果一旦得到市场的认可，那一定会是一颗“重磅炸弹”，成为引领重庆社区商业新浪潮的一个风向标。

为了配合“Shopping Park”的创新内涵，在建筑景观上，也作出了全新的规划和设计。用世界著名商业建筑规划设计师 Jon Adams Jerde 的话来说，“成功的商业设计是人、商业、环境之间的协调互动”。

工作团队希望把“皇冠自由城”打造成一座将人性与建筑融为一体的立体多层购物休闲公园。将重庆传统的消费空间从平面上升为立体，使多层次的建筑结构与多样化的商业模式折射出国际流行的生活氛围。而超大面积的自然生态空间，能让消费者在绿色的烘托下与时尚生活进行对话，在底层的人工水道中设计水色天光，与周围的绿树林荫融为一体，使得各楼层中叠翠的盆景构成了一座绿色的生态公园。赋予购物公园一种纯美自然与精致生活的境界。

为了实现这种预想，工作团队将构成项目的五黄路临街门面、商业内街部分、社区配套门面三个部分各取所长，充分开发其各门面的地理优势。首先把五黄路临街门面打造成为中式餐饮街。在传统的商业各子系统中，餐饮空间赢利能力比较强，是区域性人气聚集的有效手段，又因为其人员流动性大，所以布置在对外联系便捷的位置——五黄路临街。

与中式餐饮部分基本处于同一外延线，但位于皇冠自由城项目入口处的地方，设计为茶楼休闲区，保证其视野的相对开阔，这片区域的经营规划与项目商务公寓相联系，在满足大社区配套的同时达到满足部分商务功能的作用，而第一层可以考虑集中式超市，以达到较大的经营规模，吸引和聚集一部分大型商家。

其次，在商业内街部分上，把商业内街部分设计为小区风情街，因为内街将重点诠释休闲与购物相结合的“Shopping Park”理念，所以，在景观设计上，特别注重公共服务设施的建设，增加其内在空间的亲切感与舒适感。还通过绿化与雕塑体现出商业内街的档次与格调，创造性地将休息与等待空间营造成人性化的绿色缓冲空间，甚至将荷兰风车、攀岩墙、钟楼、火炬等一系列时尚空间元素都融入其中。

为了更加充分地诠释出“Shopping Park”这一概念的内涵，内街还通过澄台观海、斐亭听涛、鹿耳春潮、安平晚渡、东澳晓日、西屿落霞等六个商业节点，将水景、植被、喷泉、攀岩壁、舞台、小岛等休闲景观与娱乐场所进行充分地融合，从消费生活氛围的整体规划开始，就本着全面舒缓城市生活压力，以人为本的理念。让消费者在忙碌的都市生活中拥有更多舒缓的自然空间，成为了这个休闲消费区域的魅力所在。

最后，在社区配套设施方面则考虑社区超市、干洗店、鲜花店、小书屋等商业形态，根据自身经营业态的具体特征，作为社区内居民生活需求的补充。

如此一来，“Shopping Park”购物理念已经实现了初具雏形的实体景观。与此同时，工作团队还富有挑战性地为自己定下了一个“天方夜谭”的目标，180 天完成销售总量的 80%，力争达到 90%，项目实现销售金额 1.6 亿元人民币。对当时的重庆来说，这将意味着一个全新的超越。

←巴黎的住宅，丰富的立面、精巧的细部设计令街道变得动人。

“新世纪”迈出第一步

为了能更快地吸引商家的视线，工作团队决定采取“招商先行，主力带动”的系统营销思路，以促进市场的整体活跃。

很快，目光聚焦在重庆大型超市——新世纪百货。在重庆人的眼中，新世纪百货就好比北京人眼中的王府井，其影响力可想而知。

新世纪百货诞生于 1995 年 1 月 15 日，由重庆商社集团组建，在开业之初就打起了“工薪族的购物天堂”的商业大旗。8 年来，它从一个店发展到 5 个分店，一个本部超市发展成全市 30 多个连锁超市；营业额从当年的 1.67 亿，发展到 2002 年的 29.2 个亿；实现了大鹏展翅的惊人腾飞，并迅速赢得了山城市民的青睐。

除此之外，新世纪百货还荣获了全国总工会授予的“五一劳动奖”，中央精神文明建设指导委员会授予的“先进企业”，原国家经贸委、中国消费者协会等国家七部委授予的“优质服务企业”，重庆市委、市政府授予的“文明单位”称号。在重庆，新世纪百货已经达到无人不知，无人不晓的地步。之所以把新世纪百货作为“招商先行”的第一个商家，就是看中了它在山城市民心中的知名度与美誉度，以及在重庆各大商家中无与伦比的号召力。为了能更快促成这桩“千古美事”，工作团队主动向新世纪承诺，商场内的所有配套设施，无偿地根据新世纪的需求量身打造。其中，连原本设计好的空调架台都全部拆掉，为新世纪重新设计打造。正是这种诚恳务实的工作态度，深深地打动了新世纪百货，新世纪根据策划建议，同意在此开设首间社区超市示范店。

将新世纪百货顺利引进后，工作团队就给自己吃了一颗定心丸。接下来，大家都翘首以盼着打一场漂亮的销售攻坚战。

↑皇冠自由城设计效果图

宣传唱响三步曲

2003 年 8 月，离项目开盘大概还有 1 个月的时间，规划工作正在紧锣密鼓地进行。工作团队按项目特征和阶段性工作重点，开始着手把“皇冠自由城”的形象宣传分为三个阶段。

首先，“热炒热卖”地把新世纪即将入驻自由城的消息公之于众，并响亮地喊出口号，“新世纪成功入驻皇冠自由城”，这看似简单的一句陈述语，却充分地发挥了它的示范效应，各大商家纷纷投来关注的目光，仔细打量着，这个能够吸引新世纪百货的商业城。对于一个全新的事物而言，给人的第一印象至关重要。

其次，在皇冠自由城的休闲景观大体落成时，工作团队又乘势向重庆人民疾呼，“来，就让你好看”！这个颇富挑衅意味的广告语，着实让人眼前一亮。其内在的用意却是想把自己诠释“Shopping Park”的景观特色展示给全市人民，让他们身临其境地感受这种休闲购物带来的全新生活理念。俗话说：“亲身下河知深浅，亲口尝梨知酸甜。”好的东西就应该让大家说了算。

最后，当购物公园已经“闹”得人尽皆知的时候，工作团队再次发力，向所有知道皇冠自由城的市民喊出：“如果没有去法国，就让巴黎来中国”，这个略带矫情的句子，却给购物公园营造出一种浪漫而温馨的氛围。似乎在向人们

宣布，到这里来，就能体验到如同在巴黎购物般的时尚与休闲。一语惊人，当即受到全城市民的青睐。

在这段时间里，主流报纸、杂志、电台忙得不亦乐乎，各大媒体纷纷报道，使得这座自由城成为了当时地产行业的“新宠儿”。正是由于充分地发挥了媒体的号召力，在皇冠自由城还未开始招商引资之前，就已经聚集了大量的人气，各大商家都蓄势待发，等待着公开放号的那一天。

情理之中，意料之外

终于等到了皇冠自由城对外公开放号的那一天。早上 6 点多钟，就有人一边啃着面包，一边在外排队等候了。一小时过去，队伍排了近 50 米……大家都希望自己能优先选房，提前买到一个令人满意的商铺。

“我要买这一套”！皇冠自由城对外开盘销售第一期——五黄路临

↑香港·路边小品更添城市活力

街门面的当天，一位老大爷趴在销售前台上，冲着里面的置业顾问一个劲儿地喊。只见销售现场人山人海，所有销售人员都忙得满头大汗。这种情形，似乎有点像当年的知青回乡，的确让工作团队的每个员工感到无比振奋。

在这种空前火爆的场面下，一期销售只两个月，就已全部卖完，这时，工作团队赶紧趁热打铁，在一期全部售完的基础之上，加推第二期，以商业内街部分作为主推对象，项目顺势进入强销期。

接下来，工作团队把促销重点集中在已细分的一个或几个目标市场上，使消费者清晰地了解项目特色，并作出理性的购买选择。同时，陆续举行一些业主联谊活动，让现有的业主感受到来自卖方的关怀，进一步巩固了皇冠自由城的美誉度。

截至 2003 年 12 月底，二期也全部售完。所有人都感到对于一个商业项目来说，这么快就完成销售任务，的确有些不可思议。

这一轮销售，在重庆地产行业掀起一股不小的浪潮，哗然之后，大家都在思考，“Shopping Park”到底有什么魔法，能让皇冠自由城的招商引资如此空前火爆？

←深圳东部华侨城，合理利用空间，形成植物与基础设施的和谐搭配

观念改变城市

营销观念能够创造新价值，皇冠自由城开启了重庆主题型社区商业先河，也必将在重庆城市发展道路上留下自己的脚印。

在“Shopping Park”的规划设计中，很好地解决了传统商业中心休闲功能无法真正实现的问题。在一般商业中心内，所有的购物体验都差不多，在室内没有新鲜空气引入，无法提供开阔而丰富的户外空间。而在Shopping Park，来访的客人可享受到视野开阔的活动空间，人们可在其中登山、攀岩、观水、并漫步在芬芳四溢的花园中，尽情地享受人造的美景，使人从一开始便有非同寻常的感受。

同样，“Shopping Park”的规划设计，也在无形中改变了城市居民的生活方式。在提供充分商业功能的同时，使游人经历了由室内到室外，由线性空间到开放空间的层次变化，游人获得了丰富新颖的消费体验与环境体验，审美情趣和精神愉悦的需求很好地得到满足。

Shopping Park的规划设计，实现了商业功能规划与城市功能规划的完美结合。中国城市公园从全面免费开放政策得以实施起，其功能特性及形式上就不断地向开放型和特色型发展，由于大多处在市区高价值地段，其自身的区位商业价值愈发凸现，从而在近年开始出现了大量依托公园环境所建立起来的商业设施。正因为Shopping Park较一般公园更加丰富多彩，更具有吸引力，所以才更具商业价值。

此后，中国商业中心未来的发展趋势我们可以概括为：观览、休憩的功能性突出，使消费体验休闲化；在建筑群区域内的驻留时间增长，成为城市居民生活的第二空间；可以得到物质需求与精神需求的双重满足。

时至今日，皇冠自由城的“无中生有”已成为这座城市的记忆，先行者无比的勇气和魄力，告诉人们：**观念改变城市**！

我们在营销整座城市

——"国贸中心"销售为何如此豪气干云

把营销一个项目提升到营销整个城市的高度，这是一个充满霸气的 CASE。

从这座城市在中国、在中国西部、在长江上游、在世界的地位，到这个项目在这座城市中的核心地位和价值，这种先俯瞰后聚焦的营销手法，犹如运用现代卫星技术，对某一目标进行居高临下的锁定，给人一种目标清晰、豪气干云的快感。

重庆国际贸易中心，如今已成为重庆的标志性建筑之一，矗立在重庆 CBD 中心——解放碑，这里云集了众多的国际机构，成为事实上的重庆与世界接轨的一个窗口。

这是一个综合性的商业项目，有五星级酒店，有大型商业，有写字楼，其中这幢高达 39 层的写字楼，半年销售一空，这不仅在 2004—2005 年的房地产市场上是一个奇迹，即使是现今，仍是一个难以逾越的高岗。

点评

立业国贸写字楼项目销售的成功，最为关键的是“敢为人先”，一敢风险代理：敢为人先的在重庆、在市场并非火爆的情况采用风险代理；二敢坚持目标客户销售：营销策略的坚持执行比目标精准更重要，更有全局性的眼光评价市场并敢于放弃快销客户；三敢坚持地方经验：有国际合作的团队但需整合适合重庆本地市场，不盲目迷信，国际智慧或地方经验；还有很多“敢”可以讲，其实有前述三“敢”已属不易了，敢的背后是充盈在立业团队中的敬业、善学、开放。当然，也印证了“艺高人胆大”。

重庆聚富房地产开发有限公司董事长　张经超

2008 年 1 月 23 日

风险代理：风险与机遇并存

2003 年的重庆，经过直辖后五六年的高投入和大发展，长江上游经济中心和交通枢纽的地位得到进一步巩固，已成为一片炙手可热的沃土。而重庆的解放碑，历来是重庆经济、文化的中心，是重庆城市发展的风向标，此时，已是寸土寸金。

↑国际贸易中心——外立面效果图

国际贸易中心在解放碑旁边开始动工了，可以说是应和了天时、地利、人和。这个项目从诞生之初，便表现了打破常规、树立重庆房地产业标杆的不凡气质。

国际贸易中心项目的开发企业是重庆最知名的房地产开发企业之一，正值全面增长阶段；该项目定位高端，设计周密，严谨，再加上企业经营理

高楼林立的香港中环

念非常开放；因此，在同营销策划企业合作的过程中，决定采用风险代理的方式，引进投资公司，进行项目整体营销。这是一种大胆的尝试，也是营销代理企业整合能力的巨大提升。

所谓“风险代理”，相当于经销（distributor），即买下货物后，自行定价，自行销售，当然也自负盈亏。其优点是，在营销策划以及销售过程中，营销团队自主权大，受干扰少，更容易将自己的理念贯穿到整个营销过程中。利润与风险是成正比的，之所以叫“风险代理”，就是因为这种代理方式蕴含着巨大的风险，一旦市场不顺利或受国家宏观调控的影响，必须用自由资金将项目整体买下。这需要营销代理公司的实力，更需要他们的智慧。

在当时，房地产代理公司普遍实力不强，而代理的方式，绝大部分采取“佣金式代理”，即根据开发商的统一规划和定价进行营销和销售，并提取一定比例的佣金。这种方式的最大优点是风险小，利润也小。立业营销代理团队经过反复研究，决定放弃这条“阳关”道不走，而决定同开发商一起踏上这条探索之路。立业的喻总现在还清晰地记得2004年春天，在香港九龙香格里拉酒店同聚富的张董事长碰面讨论的情形；他们最后决定：尝试一下开发企业，同营销代理企业，投资公司如何整合？也许可以探索出一种全新的合作模式！

立业团队是一家具有整合能力的地产营销代理企业，成立于 1998 年，2001 年受国家建设部年度表彰，评为全国放心中介企业；同年被重庆市国土资源和房屋管理局授予房地产中介服务机构 A 级资质；2002 年被选为重庆市经纪人协会副会长单位及重庆市国土资源房屋评估和经纪协会理事会单位。当年，公司为完善整合服务体系，成立了立业集团（香港）有限公司，并与国际知名品牌 CB 信义房产合作成立信义立业房屋经纪有限公司。发展到 2003 年，工作团队已具备了一定的实力，同时迫切需要一个契机，促使公司实现一次质的飞跃。在立业团队看来，国际贸易中心的地位、价值以及地理位置，正是这样一个助其腾飞的平台。

立业团队的长期合作伙伴公司——美国旭阳投资公司，是一家具有国际投资，融资和资产管理经验的资金团队，他们在香港、台湾、上海、福州、重庆、成都都有丰富的项目投资经验，他们加入了重庆国贸中心的风险代理团队。

“机遇与挑战并存，风险与荣耀抗争。为国贸而战！为团队的荣誉而战！”整个工作团队喊出了这样的口号，大有背水一战的气势。

如何抢占解放碑写字楼制高点

作为一家在房地产的风口浪尖上摸爬滚打了五六年的代理企业，工作团队的每一次决策，都是有科学依据的，在这个事关公司兴衰的项目——国际贸易中心面前，工作团队更是慎之又慎。在签下风险代理合同之前，他们对风险与机遇已作了充分的论证。

在国际贸易中心入市之前，解放碑不足一平方公里的区域内写字楼项目已经供应较多，前有重庆的第一高楼，“世贸中心 WTCC”，后有“纽约纽约”、“国际商会大厦”等甲级写字楼盘的夹击；更何况，解放碑地区除了这些正在销售的写字楼，还有已建成在运营的高档写字楼如“大都会”、“半岛国际”、商务公寓“大同方”等的竞争。

一个新上市的写字楼项目，如何寻求自身的定位，并在强手如林的解放碑地区杀出一条生路？这显然是个不得不面对的问题。

2003 年底，工作团队在做国际贸易中心推广销售前期准备工作时，对解放碑地区已经投入使用或即将投入使用的写字楼，作了一次全面分析。

高端的大都会，由香港和记黄埔开发并运营，虽然品质和地位以及地理位置都堪称重庆之最，但其投入使用已多年，更重要的是，这栋高档写字楼历来都是只租不售，对新入市的写字楼不构成任何威胁；其余的竞争对手，有的虽然已经获得了市场的高点，卖到了当时区域写字楼最高单价 10 000 元／平方米，但它的建筑布局不尽如人意；有的写字楼地理位置极好，但它的车库不足；有的价格比较适中却是以前的公寓结构改造的，不符合国际上公认的甲级写字楼的标准……

工作团队找到了项目的综合排分第一的优势，原因很简单，国际

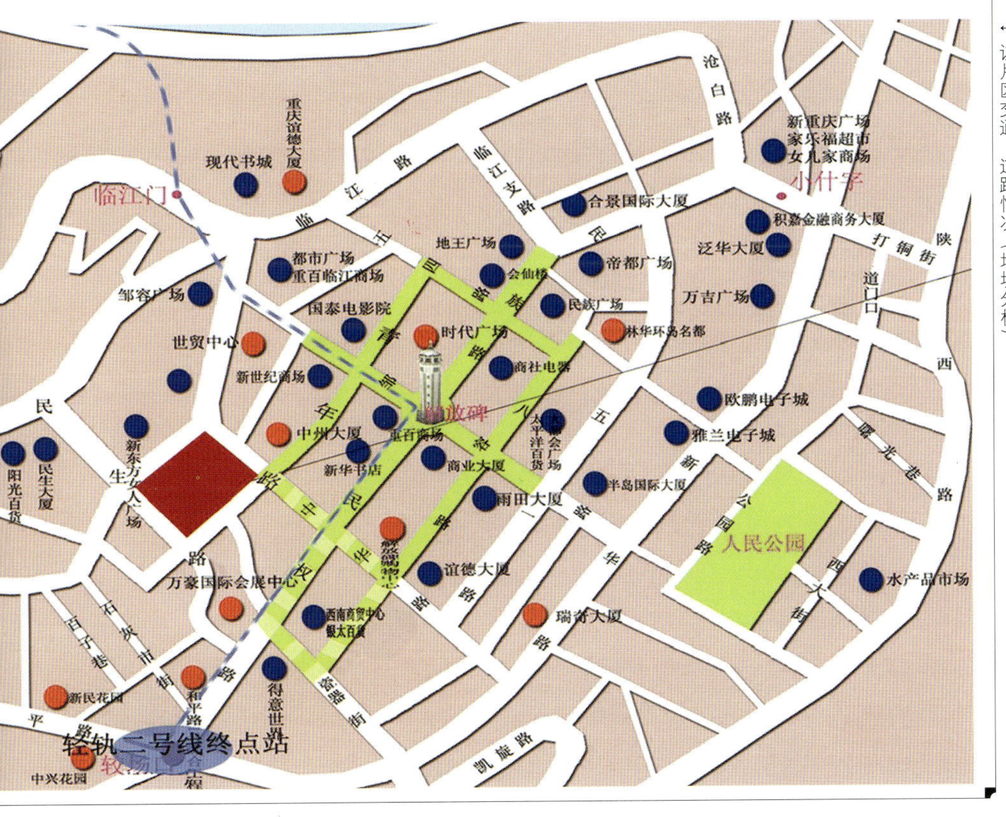

←该片区交通、道路情况（地块分析）

↓ 香港中环某写字楼

贸易中心从策划、设计开始，瞄准的就是写字楼的高端市场，因此，其全部是按甲级写字楼的国际标准建设，从建筑设计、外立面设计、内部设备标准、空气新风质量、车库容量、各大堂分区等都有周详的考虑。当时的工作团队有：

重庆地产名家——重庆聚富房地产开发有限公司；

专业策略高手、西南地产行销顾问——重庆立业房地产顾问公司；

跨海东来的台湾地产操盘圣手——旭阳地产；

来自台湾扬名北京的创意行销推广师——北京青腾地产；

爵士级设计事务所——澳大利亚怡境师 HASSELL 设计事务所；

全美 50 强企业之一——圣达特（CENDANT）旗下美国豪生 HOW ARD JOHNSON 国际酒店集团；

MALL 领域香港第一品牌——香港铜锣湾百货集团等众多国际团队。

经过一番分析，工作团队树立了一个坚定的信念：国际贸易中心就是重庆专业写字楼的标杆，并将其定位为：西中国总部经济平台！

运营城市，借势 CBD

什么是"西中国总部经济平台"？

这是营销团队提炼出的一个全新概念。"西中国"即中国西部；"总部经济"即外资机构或跨国公司在中国或者中国西部地区设立的总部。随着重庆在当今中国的地位越来越凸显，重庆在经济上的辐射作用必将得到进一步的提升，工作团队判断，在未来的 3 ～ 5 年，必将有大量的外资机构、跨国公司，以及国内大集团入驻重庆。而他们在重庆的首选地，必然是重庆最早的经济、文化中心解放碑地区。也就是说，工作团队力图把国际贸易中心打造成为跨国公司在中国西部的一个外资企业的集中地。

从这个定位可以看出，国际贸易中心的目标客户非常明确：国内大企业、世界级企业和一些外资驻西部办事处。

2004 年 2 月，工作团队正式进驻国际贸易中心，开始着手前期宣传工作。

适逢重庆正在紧锣密鼓地建设 CBD，媒体上关于 CBD 的宣传和讨论不断。既然要吸引更多的目光关注国际贸易中心，那一定要通过一定的手段，让投资集团或个人意识到重庆在当今中国经济版图上的重要地位，以及重庆打造中国西部经济中心的决心、气概和实际动作。“何不借势 CBD，先将重庆宣传出去，然后再顺势将外界的目光引导到国际贸易中心？”工作团队领导的这一高招，既显得大气磅礴，又不着痕迹，顿时让国际贸易中心项目组全体员工，特别是营销策划部

←香港得力大厦，建筑风格彰显个性

的同仁热血沸腾、豪气干云。

“所谓 CBD（Central Business District 的缩写），即中央商务区，最早产生于 20 世纪 20 年代的美国，是世界经济从传统商业时代走向商务时代的标志。CBD 是国际大都市中最具价值、最精华城市的核心部分，纽约的曼哈顿、巴黎的拉德方斯、东京的新宿、香港的中环……这些国际知名的 CBD，已成为当今影响世界经济的重要力量。”

CBD 中央商务区不仅是一个国家及城市对外开放程度和经济实力的体现，更是走向国际大都市的重要标志。

截至 2003 年，全国已有超过 32 个大中城市提出了建设 CBD 的设想，国务院仅批准了北京、上海、天津等八大具有区域经济影响力的中心城市，重庆，以其中国西部唯一的直辖市及长江上游经济中心的领导地位，成为西部唯一获准建设 CBD 的城市。

“西中国总部经济平台”的概念，正是基于 CBD 的背景下提出的。而重庆 CBD 的核心，正是国际贸易中心所在的解放碑地区。

在此基础上，工作团队结合世界写字楼 3E（信息化、专业化、生态化）的发展趋势，提出了“与世界同步，打造国际之城”的营销宣传口号，运用项目整体的优势，将体验式商业的思想融入其中，为项目建立一个领先的国际商务平台，吸引国际企业入驻。

潜销，规避宏观调控颓势

2003 年中国经济以快速增长的态势迎来 2004 年。尽管 2003 年从天而降的 SARS 疫情，犹如一盆冷水浇在发热的经济上，但是，SARS 过后，中国经济只在 9 月份略作调整，又大踏步地加速上升。前 11 个月钢产量累计突破 2 亿吨，从而使得我国成为世界上第一个年产钢超过 2 亿吨的国家。固定资产投资速度也进一步加快，尤其让人担心的是，与前 20 个月相比，1—11 月，国家严格控制的房地产投资和新开工项目居然还分别加速增长了 1.2 和 2.1 个百分点。

2003年的中国经济犹如一匹脱缰的野马，其严重的后果已开始显现，进入四季度，中国物价水平出现了多年来少有的连续飙升。在10月CPI（消费者物价指数）上涨1.8%基础上，11月进一步上涨。其中粮食价格和生产资料价格的涨幅双双越过了两位数。因此，进入2004年，国家相关部委高举起了宏观调控的大棒。

房地产行业首当其冲。

3月，国家发改委宣布，原则上不再新批钢铁企业，不再审批电解铝生产建设项目，严格禁止新建和扩建有关水泥生产项目；24日，央行宣布从4月25日起，实行差别存款准备金率制度，同时实行再贷款浮息制度；4月25日，国务院发出通知，提高钢铁、电解铝、水泥、房地产开发投资项目的资本金比例，其中，钢铁业资本金比例由原来的25%提高到40%，水泥、电解铝、房地产开发由原来的20%提高到35%。

这些调控政策，目的是对商业投机行为进行抑制，但客观上对投资市场造成了较大的影响。但工作团队并没有因此而退缩，相反，他们从这一波投资者大撤离的浪潮中，发现了国际贸易中心潜在的客户身影——由于受宏观调控的影响，温州投资者正急于撤离上海，上海投资者也急于向外地扩张，而此时，房地产行业相对基础较弱的重庆，很有可能成为这些投资者下一轮的投资热土。

因此，在国际贸易中心尚未正式开盘之前，工作团队就针对这些潜在客户，以及国贸中心定位的国际目标客户，展开了广泛的“潜销”工作，即锁定具体目标，以十分低调的姿态，对客户进行一对一的拜访和接触，并将国际贸易中心的资料寄到这些客户手中。需要说明的是，工作团队锁定的“潜销”目标，都是非常有实力的大客户。通过这种“潜销”，国际贸易中心很快吸引了圣达特、怡境师、台湾新东洋集团等国际知名品牌签约，并积累了台湾新东阳集团、台湾万绮国际集团、台湾创网国际集团、香港星光传媒、重庆名瑞服饰有限公司、美国西雅图航运集团、艾尔国际集团、保时捷等大客户，尚未开盘，国际贸易中心就签约了 20%，为以后的销售打下了良好的基础、有效地规避了宏观调控带来的投资遇冷问题。

从大到小的宣传策略

为了给开盘前期造势，工作团队在宣传上，采取了从大到小、逐步锁定的方式。初期是借势 CBD，宣传重庆的前景，并在借势中体现差异，宣扬“国际之城，体验之都”的理念。在对外营销时，甚至响亮地喊出了“错过了上海，千万别错过重庆”的口号，营销目标非常明确。继而通过重庆 CBD 的核心区域——解放碑，锁定国际贸易中心，宣传国际贸易中心在重庆的地位及价值，提出：国贸中心是重庆 CBD 的硬核。

一香港的高层建筑遍布中环，凸现核心区域金融地位。

随着“潜销”取得成功，工作团队的宣传策略也在发生变化，更着重于树立全新的商业生活标准，为后续进入的投资者夯实信心。2005 年 4 月 12 日，工作团队举行了“品牌加盟发布会”，将与圣达特、怡境师等国际知名品牌签约的信息，通过新闻发布会的形式，及时传达给投资者，把这些有影响力的客户宣传出去，不但增加了国际贸易中心的国际性，而且给投资者暗示一种“抢购”的心理压力。在随后的跟踪报道中，宣传的重点一直围绕“用世界眼光看重庆”、“一次品牌盛会”、“国际之城——国贸中心”等展开，强化国际贸易中心的定位。

为此，工作团队把对国际贸易中心的前期宣传划分为三个阶段：首波是识别阶段，主要通过户外广告强化国际贸易中心的视觉形象，通过“西部中国研讨会”等攻关活动，突出国际贸易中心作为甲级写字楼在重庆 CBD 中心的重要地位；二波是升温阶段，通过互联网等媒体对项目利益作高度的概括并告知潜在的客户，重点阐释“总部基地”的形成及理由；第三波是强力波，即开盘阶段，重点传播的是销售与服务的信息，满足消费者已经被激动起来的情绪。

2004 年 5 月，由于前期已经造足了势，国际贸易中心在人们的翘首期待中正式开盘。此时，工作团队的销售策略也发生了变化，由开盘前的主要面对国内国际大客户，到开盘后的广开客户渠道，形成了国际、国内、本地三个层次的消费者群。通过前期的推广和国际国内大客户的带动，此时，本地客户也开始将目光投向国际贸易中心。但工作团队为了保证项目的品质和档次，对本地小客户实行了限制政策，设立了门槛，即规定购买者必须是半层或整层购买，否则，宁愿不卖。这种拒绝分零的销售策略，短期内看似影响了销售，实则保证了写字楼的整体性，更利于吸引大客户进入，从长远看，必将带来更大的销售利润。

在价格策略上，工作团队也配合这种销售策略，采取“低开高走，稳步攀升，即时调整，灵活应对”的方式，开盘之初为了吸引人气，将价格定得相对较低，随着楼盘人气的上升，有计划、有步骤地提升单价，以获取更大的利润。开盘前的“潜销”期，国贸中心的单价被定为 × 元／平方米，然而这一价格随即被开盘打破，上升了 10%，之后，单价又调整了 3 次，在清盘时，价格比潜销价格上涨了 25%。

到 2005 年 1 月，写字楼销售全部完成，其中，外地国内客户占 45%，国外客户占 20%，本地客户占 25%。半年时间，一个高档写字楼项目便顺利清盘，这不但创了工作团队的记录，而且成就了房地产行业一个经典的营销案例。

附件一：国际贸易中心项目背景资料

项目地址：CBD 解放碑毗邻，中华路、青年路、民生路三街拱护，荣获“2004 全国年度最具投资潜力楼盘”称号。

占地面积：9 800 平方米

总建筑面积：144 956 平方米

楼宇由 A 座 37 层，B 座 39 层两栋塔楼及裙楼组成，携地下 4 层，建筑高度达 160 米，东西纵横 100 余米，南北通达 90 余米

A 塔——国际超甲级标准写字楼

B 塔——美国豪生 HOWARD JOHNSON 五星级酒店

裙楼——部分引进台湾电通王

商业风情街——在裙楼西北侧有一条长约百米的解放碑唯一休闲风情街。

附件二：

1. 国贸的市场研究模型

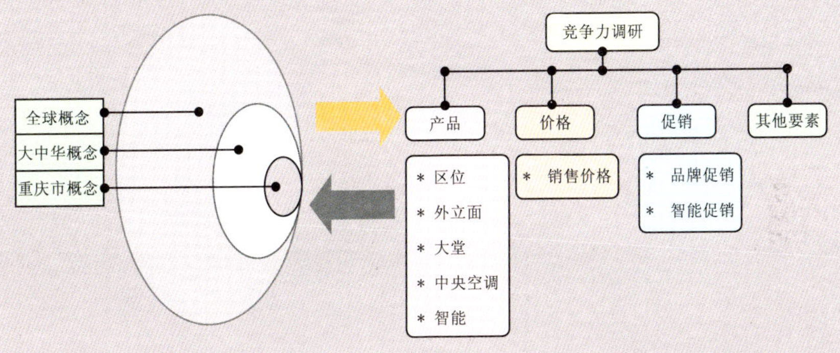

2. 国贸的产品价值体系模型

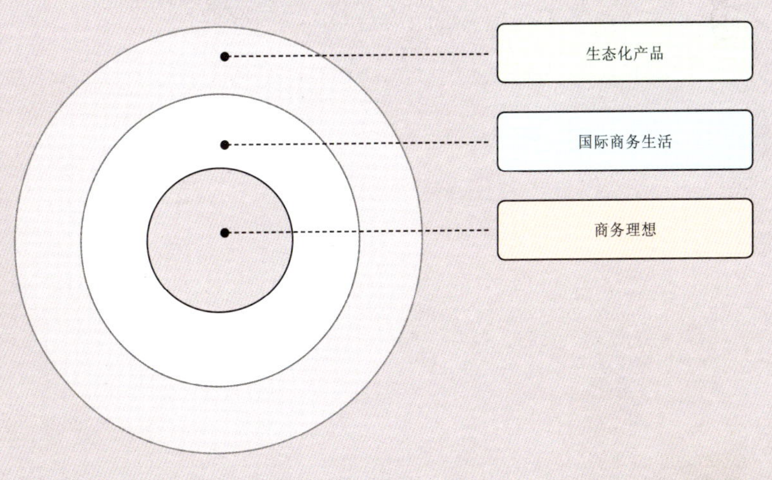

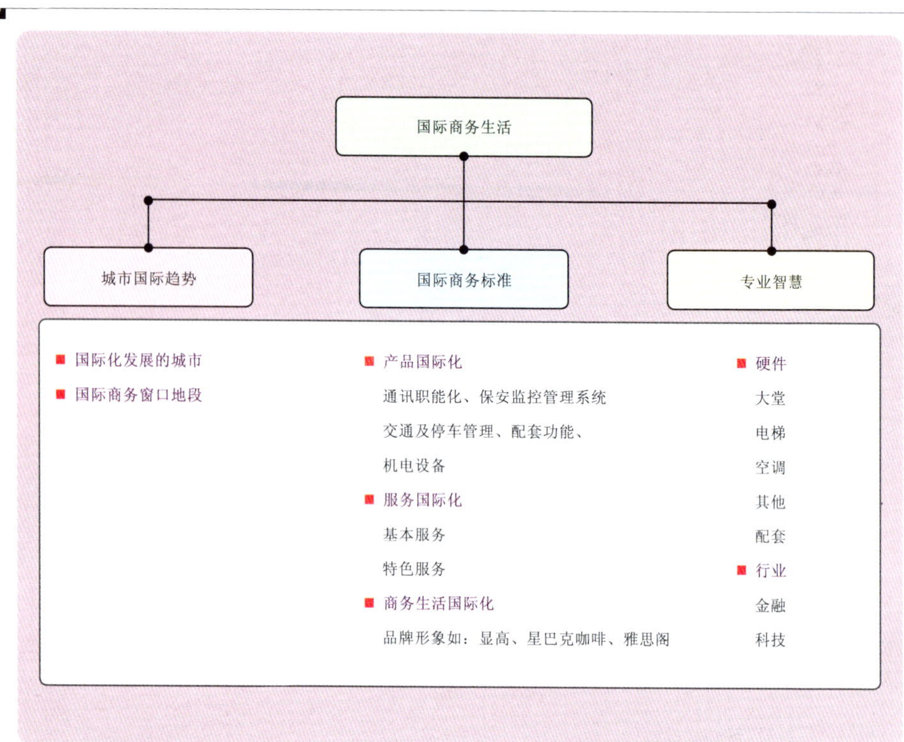
国际商务生活
城市国际趋势
国际商务标准
专业智慧
国际化发展的城市
国际商务窗口地段
产品国际化
通讯职能化、保安监控管理系统
交通及停车管理、配套功能、
机电设备
服务国际化
基本服务
特色服务
商务生活国际化
品牌形象如：显高、星巴克咖啡、雅思阁
硬件
大堂
电梯
空调
其他
配套
行业
金融
科技

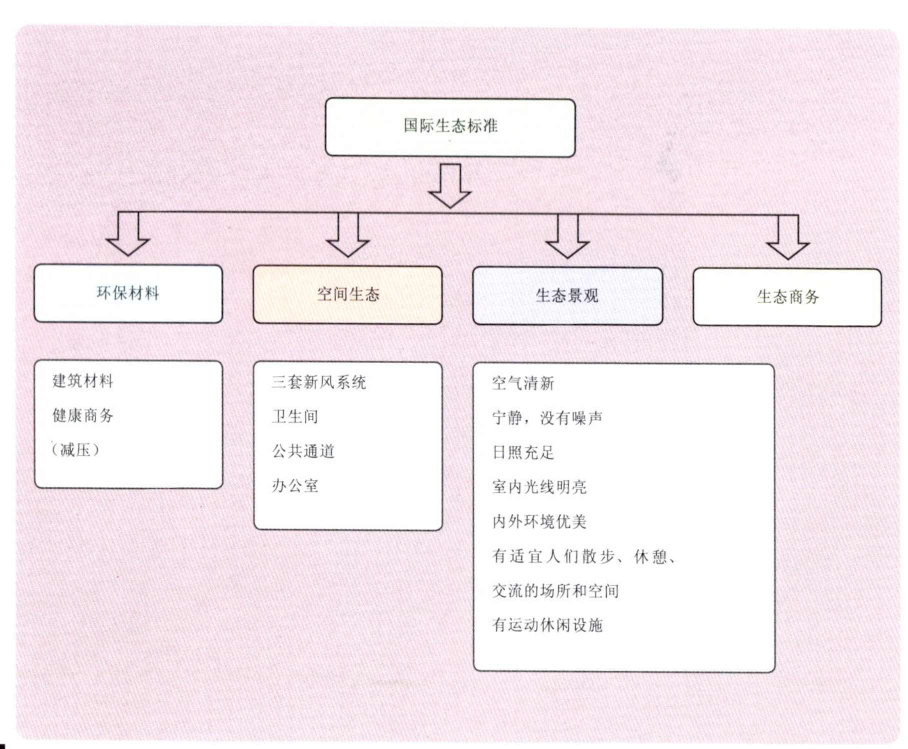
国际生态标准
环保材料
空间生态
生态景观
生态商务
建筑材料
健康商务
（减压）
三套新风系统
卫生间
公共通道
办公室
空气清新
宁静，没有噪声
日照充足
室内光线明亮
内外环境优美
有适宜人们散步、休憩、
交流的场所和空间
有运动休闲设施

创新 蝶变

——浪高会展国际广场

曾经作为重庆一个时期内的标志性建筑，而后逐渐衰败的西南大酒店在 2007 年淡出了重庆人的视线。这栋存在了 17 年的重庆地标式建筑，虽然“家道中落”，但最后还是用“华丽”二字为自己的一生画上了句号，取而代之的则是在原来房屋基础上改造而成的“浪高会展国际广场”。

与西南大酒店的衰败相反，浪高会展国际广场一开盘就卖疯了。2006 年 5 月，其第一栋物业——“亮阁”面市之时，就以高出周边项目一倍的售价高调入市，在 5 个月内销售一空。同样的事情发生在而后亮相的“美阁”、“韵阁”身上。在 2007 年初，这两栋公寓在亮阁高价的基础上分别提价 1000 余元，并以两个月的惊人速度相继售罄。

从亏损多年的西南经济协作大厦，到赚得盆满钵满的浪高会展国际广场，这种惊人的质变，让人惊叹连连。

点评

执著、团结、严谨、立业人数年坚持的精神，望发扬光大。

重庆凯悦房地产开发有限公司董事长　吴霄霞
2008年2月11日

再牵手

2005年秋，浪高集团成功收购西南经协股份有限公司，全面接管西南大酒店及其附属资产。立业作为浪高集团的长期合作伙伴同步介入项目前期工作，为项目的定位及开发方向寻求市场依据，同时拉开了立业浪高再次携手的序幕。

追溯到双方首次合作的2002年，浪高集团推出南岸区第一幢写字楼项目“浪高凯悦”之时，立业与浪高共同组建的团队通过详细的市场研究，发现了城市商业副中心高品质写字楼的巨大需求。在项目的营销过程中，团队通过对全球五星级连锁酒店“凯悦酒店”品牌的挖掘，结合高品质的写字楼产品，推出了南岸区唯一的甲级写字楼。

↑浪高会展国际广场商业效果图

↓ 重庆首个提出会展经济与会展概念的房地产项目

通过凯悦的成功营销使重庆南岸城市副中心核心区域的房地产由2002年的不足3 000元，跃升至5 000元以上。同时也使重庆的消费者认识到了一种新的投资渠道：“投资性写字楼”。

浪高凯悦的成功，奠定了双方良好的合作基础。再次牵手，更证明了“立业”是一个值得信赖的合作伙伴，一个富有创新的营销团队。

从小户型到泛酒店商务社区

西南大酒店地处重庆南岸区工贸地段，是由渝中区、江北区、渝北区、沙坪坝区进入南岸区的扼要路段，距离南岸区中心地段仅仅200米，生活配套非常齐全，南岸区商圈不断完善，地段的地理位置优势也在不断的凸现出来。周边酒店、会展、写字楼、商业带动整个区域经济，使区域形成了浓厚的商务氛围。

房价上涨，“小户型”成为市场的必然趋势，SOHO公寓、酒店公寓乃至小户型社区新概念、新产品层出不穷。如何构建项目自身的USP实现市场差异化呢?

在拜访目标客户的过程中，客户对地段及会展表现出了极大的兴趣，但是对如何获取稳定回报却顾虑重重。针对目标客户反馈的信息，策划团队提出了目成立一个独立于物业管理之外的“租赁代理行”专门为项目首期“亮阁”提供租赁服务。对追求稳定回报的客户提供“长租”业务，对追求利益回报的客户提供基于会展的“短期日租”服务。

正是短租概念启发了策划团队的灵感，是否可以将“亮阁”作为一个酒店来经营呢?

西南大酒店的良好口岸加上会展经济巨大的酒店需求，策划团队

认为“酒店”肯定具有较大的市场空间，将“亮阁”打造成为超越传统小户型的“泛酒店”。

“亮阁”的酒店定位一经敲定，策划团队开始重新审视项目整体的定位，城市综合体已经不能具象地表达项目的内涵，于是一个集酒店、商务公寓、写字楼及休闲商业街为一体的“泛酒店商务社区”的概念形成了。

药交会送来的营销良方

2005 年重庆的国际会展中心落成，从未举办过大型会展的重庆人当时对会展经济、会展行业还很陌生。

2005 年 12 月 1 日，浪高会展国际广场正处于策划、论证阶段，新建城的国际会展中心在承接完亚太市长峰会后，第一次对外承接大型展会——全国药品交易会。10 万客商云集重庆，一时间，不仅南坪周边的酒店、旅馆一房难求，全市的酒店、旅馆都纷纷告急，甚至有一些市民将自己的房子腾出来，对外招租，几天下来，也有上千元的收入。而重庆媒体也开始讨论“会展空前重庆如何接招”？

一个很尴尬的状况：在重庆市政府鼓励大力发展会展经济的同时，落后的基础设施与配套并不能满足会展经济发展的需求。这让正在寻求西南经济协作大厦的市场突破点、以期实现价值腾飞的项目营销策划团队看到了希望：今后较长一段时期内，会展经济将成为重庆这个城市新的经济增长点。

在确定了基本思路后，团队便到会展经济发展得相对成熟的广州、上海、北京等城市考察。

据专家分析，一个城市要跻身于国际大都市，一个重要标志就是召开国际会议的数量和规模。成功的会展确实能为举办地的经济发展注入相当的活力。德国慕尼黑展览公司总裁门图特先生就曾说过：“如果在一个城市开一次国际会议，就好比有一架飞机在城市上空撒钱。”国内有的城市（如广东中山市）将会展业与房地产、旅游业当作未来城市发展的三大支柱产业。专家测算，国际上会展业的产业带动系数为 1∶9，已成为带动交通、旅游、住宿、餐饮、购物的“第三产业消费链”。

←开盘盛典

事实上，根据国际经验显示，一次国际会议或展览会不仅带来可观的经济效益，还能带来无法估价的社会效益，这些社会效益有的是立竿见影的，而更多的是潜移默化、逐步发挥作用的。展览会能起到推广和展示新技术、新产品、新工艺的作用。它不仅能传播信息、知识、观念，促进国外与国内、政府与企业、企业与企业、企业与消费者以及社会各主体之间的沟通与交流。而且还能促进经济贸易合作，起到树立企业形象、展示产品品牌的广告作用。此外也为

重庆南岸滨江地带城市设计

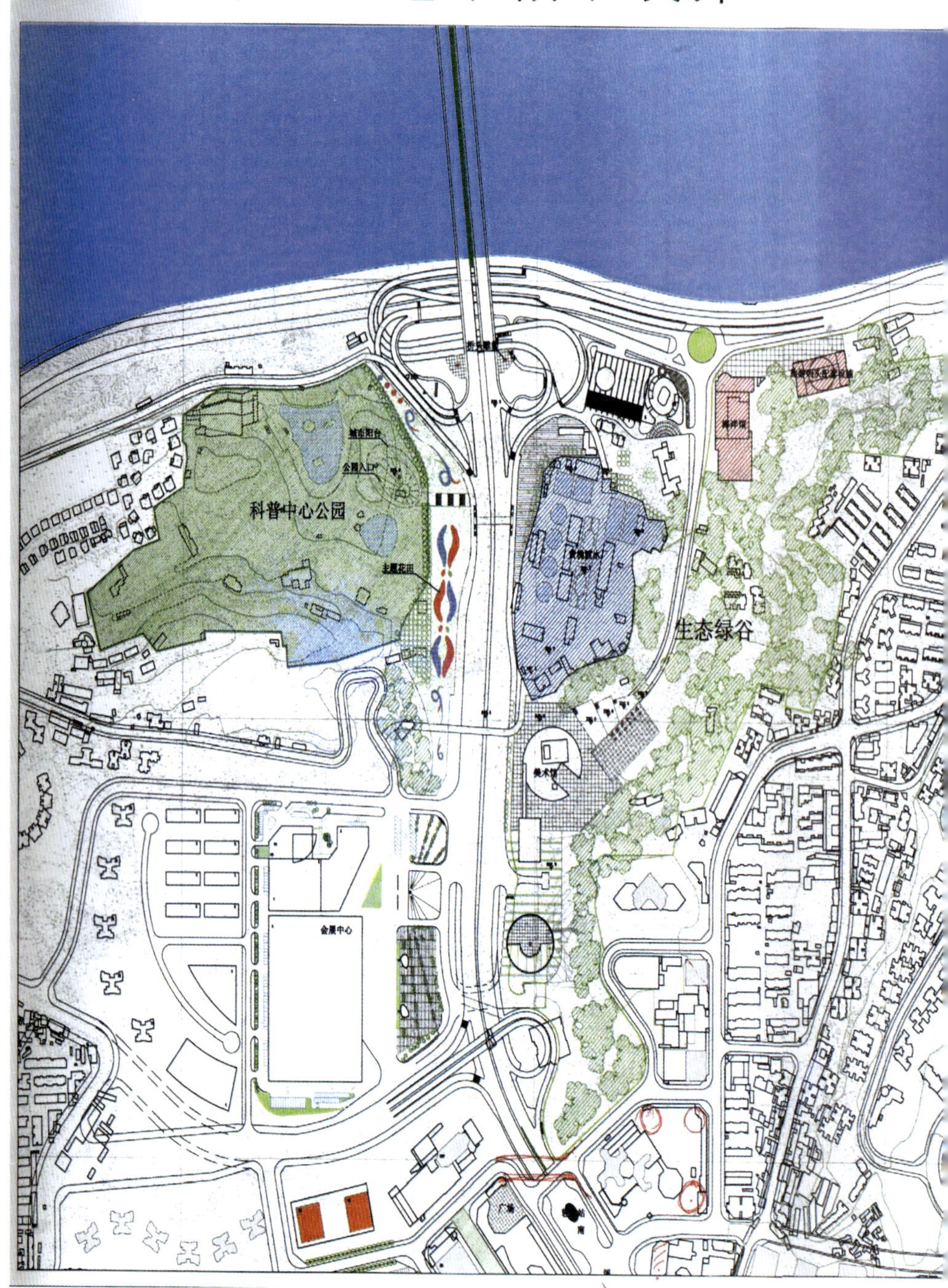

长江大桥门户区规划图

长江大桥门户区规划图

简要说明

现状：

1.长江大桥南桥头是进入南岸区的主要城市门户，现状重庆游乐园山林延伸至黄桷渡水厂，成为南岸区自然的"城市屏风"。

2.黄桷渡公园冲沟从长江边渗入南岸区中心，将自然生态引入中心区，是南岸区的"绿肺"。

3.现状桥头建筑大多为多层，建筑质量一般，有少量的小高层。建筑性质主要为住宅、厂房、宾馆、市政设施。

4.现状社会单位主要有武警守桥部队、黄桷渡水厂、南方工程塑料厂、友谊宾馆。

规划：

为了强化重庆市山水林城市特点，展现南坪日新月异的城市面貌，缓解进入南坪的交通压力，对长江大桥南桥头城市门户区进行规划设计，主要措施有：

1.对长江大桥进行拓宽，若因交通因素必须切除重庆游乐园部分山体，建议开挖后山保持自然坡度（30度），形成山坡绿化公园，以大面积的花卉、绿化和具有特色的主题雕塑、建筑小品等景观设施，构成赏心悦目的花园之门。

2.黄桷渡公园冲沟靠近南坪中心区部分填至扬子江饭店附近，成为南岸中心区的拓展部分，是南岸形象的展示区域。在扬子江饭店对面规划的美术馆及展览中心是新南岸的标志性建筑。

3.黄桷渡公园和重庆游乐园之间的交通联系以地下过街通道为主，其他联系方式应以不破坏城市景观为原则。

南桥头友谊宾馆附近、南方工程塑料厂及黄桷渡公园区域内的非共性建筑将被拆除，利用高差建成景观区域，临滨江路部分利用地形高差建成公共建筑。

重庆市规划设计研究院

企业走出去、引进来开辟了通道。把会展经济进一步做大做强，将成为推动重庆经济发展的另一种新尝试。

对企业来说，会展不仅是一个展示企业形象的机遇，更重要的是能够有一个互通信息、资源交流的平台。参加展览会是企业最重要的营销方式之一，也是企业开辟新市场的首选方式。在同一时间、同一地点使某一行业中最重要的生产厂家和购买者集中到一起，这是其他营销方式不能比拟的。通过参加展览会，人们可以迅速全面地了解市场行情和行业竞争状况。许多工商企业正是借助展览会这个渠道，向国内外客户试销新产品、推出新品牌，同时通过与世界各地买家的接触，了解谁是真正的客户，了解行业的发展趋势如何，最终达到推销产品、占领市场的目的。美国贸易展览局近期做出的一份调查显示，制造业、通讯业和批发业中，2/3 以上的企业经常参加展览会；金融、保险等服务性行业虽然只能展示资料和图片，但依然有 1/3 以上的公司将展览会视作主要的营销手段。

展会直接拉动周边的住宿、

餐饮、旅游等产业的集体繁荣。而以广州国际会展中心为例，其周边就有不少以会展为主题的物业，且个个销售得异常火爆。这次考察，进一步坚定了合作团队将项目打造成以“会展”为主题的决心。

鉴于项目自身的有利地理位置，所以响亮地打出了“会展经济财富首站”的概念，成为重庆首个提出会展经济与会展概念的房地产项目。

经过前期药交会的预热，虽然也有少数市民从中获利，但当时绝大多数市民对会展经济仍然没有概念。2006 年 5 月，“亮阁”入市前期，每天都能从重庆晨报、晚报、商报等都市主流媒体上看到“亮阁”的广告，密集的单一诉求广告向受众传达因为会展经济而收益的讯息：“北京涨了，上海升了，重庆机会来了。”重复大量的单一诉求，不断刺激着市场。

在重庆 3 000 年历史长河中，在 10 年的直辖历程中，重庆市民第一次认识和理解到原来会展也可以成为一个城市新的经济增长点。

一浪高"美阁"宣传单页

策划团队对城市经济发展方向的判断在2006年也得到印证：重庆市政府将会展经济定位为2006年的发展目标之一。先于政府提出会展概念的浪高会展国际广场，便成了这一政府行为的最大受益者，而之前铺天盖地的广告传播，在受众心中自然过渡成一种现实的需求。

↓ 浪高会展国际广场－外立面效果图及建筑定位

将城市营销运用到项目营销，将一个位于城市副中心的项目利用会展经济提升到一个城市的高度，正是项目成功的关键。

由月租到日租，共管酒店模式开创全新投资模式

浪高会展国际广场第一次在重庆市场提出“共管酒店”的概念。共管酒店，突破了“精装小户型＋租赁代理”的传统模式，更超越了“产权酒店”业主无法获得物业增值以及经营利润的弊端。

共管酒店就是由众多业主以所买房屋为股本，业主委员会作为利益共同体与开发商进行委托租赁，开发公司对全球连锁酒店进行招标。业委会对酒店的经营管理进行监督，针对会展进行团体订单和零散酒店经营。通过业主与酒店管理公司一定比例的收益分成，保证业主的物业收益，酒店公司的经营收益。

投资者从收月租金到分享酒店式投资的日租金，共管酒店模式让投资者赚足了钱，也是项目营销成功的关键之一。

建筑技巧带动房价提升

当“亮阁”成功推向市场后，不仅获得了启动“美阁”、“韵阁”的资金，同时也积累了足够的销售经验。在“美阁”、“韵阁”保持会展经济主题物业不变的前提下，将“亮阁”用过的招式复制过来。

这些已经成为人们认定浪高会展品牌的基础标准，所以想要获得更为轰动的市场效应，需要另外开辟新的利益增长点。

作为一个物业的价值提升渠道而言，变维产品的产生无疑是一种新兴的渠道，变维产品不仅改变的住宅常规性的桶状结构，使空间以

↑户型设计图

富有变化，并且部分变维产品还以 2.2 米的夹层不受面积控制的制约，是该类产品获得市场青睐的主要原因。

于是，5.1 米层高的小夹层公寓顺势出户，在成本并没有大幅度提升的前提下，成功将房屋销售单价提升了 1 000 余元，让“美阁”和“韵阁”的销售单价达到近 8 000 元。

诸多业主在购买“美阁”与“韵阁”时都纷纷表示，虽然一般的层高都为 3 米，但多余的 2.1 完全可以隔出来，作为新的空间加以利用。与周边项目相比，虽然价格要贵上 3 000 元，但双倍的利用空间依旧显得十分实惠。

就这样，“美阁”与“韵阁”以近乎完美的姿态沉稳入市，在“亮阁”创立的会展品牌下继续前行。从 2005 年到 2007 年，重庆的会展经济已经取得了长足发展。此时正处于销售期的“美阁”与“韵阁”，借助这一强势的东风，扶摇而上，均以两个月的惊人速度销售一空。

一报版

附件一：项目基础资料

项目地址：南坪北路 5 号，原西南大酒店

占地面积：20 010 平方米

总建筑面积：17 万平方米

户型面积：19 ～ 60 平方米 / 户

总户数：1 835 户

建筑形态：3 栋超高层 +1 栋高层

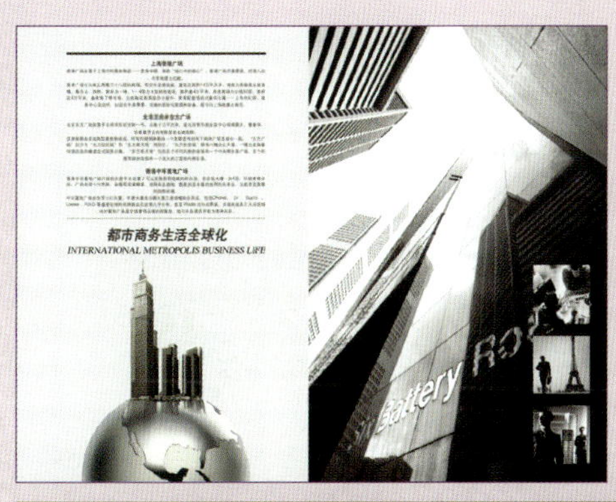

附件二：

地理位置

宏观区位图

中观区位图

本地块位于南岸区中部，南岸区作为重庆的重要部分，位于长江以南、主城核心区内。全区辖6个街道、9个镇，面积265平方公里，人口60万。区内有10余个科研院所和5所大专院校，科研实力雄厚，人才资源丰富。城市建设迅猛发展，建成高效便捷的交通通讯网络、充足合理的能源供给系统和完善配套的市政公用设施，城市面貌焕然一新，是重庆市山水园林城区和环境保护模范区。

由于南岸区优越的自然条件，长期以来形成了旅游在南岸、居家在南岸的区域形象，南岸区的房地产市场也在近几年得到迅猛的发展，发生了翻天覆地的变化，形成了滨江地带、经济开发区、学府大道三个主要的住宅集中区，以及南坪转盘以及滨江路两个商业集中区。

本地块处于南岸区工贸地段，是由渝中区、江北区、渝北区、沙坪坝区进入南岸区的扼要路段，目前原有的南桥头隧道已经拆除，该片区的主要工作就是围绕着重庆国际展览中心、南桥头立交工程等重要基础设施工程进行综合建设。

南坪地区是重庆南岸区政府和重庆经济技术开发区管委会所在地，是重庆规划的两个金融商贸中心之一，和地块毗邻的工行大厦、工贸大厦、物资中心、扬子江假日饭店等十几栋大楼、宾馆，以及正在修建的重庆国际会展中心形成了重庆的会议展览中心。

过长江大桥进入南岸区的第一站就是紧邻项目的工贸车站，是进、出南岸区的“咽喉地带”，距离南岸区中心地段——南坪转盘仅仅 200 米，生活配套非常的齐全，在南岸区商圈不断完善的同时，工贸地段的地理位置优势正在不断地凸现出来。

从中观区位图上可以看出，项目前面是“生态绿谷”——将来南岸区大门户的主要城市绿化带，由于本地块的高度要明显高于项目北边，地块正处于商圈的边缘，“南岸大门”、“南岸窗口”的潜在意义丰富。

项目周边环境调查

项目周边环境现状

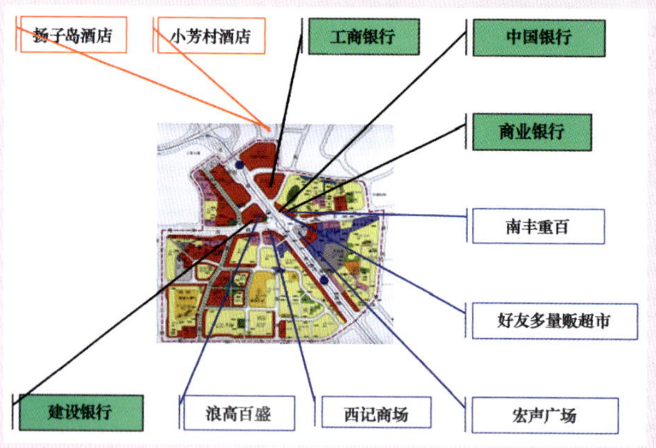

项目周边配套

项目周边发展规划

国际会展中心——会展经济

会展是信息流、物流的一个集中展示。会展所体现的是一个城市的经济技术水平和城市面貌。国际会展中心就坐落在本地块的西北方，与本地块隔路相望。

国际会展中心承办重庆大部分的会展，将吸引大量人流与物流，带动周边酒店、餐饮、娱乐等相关经济的飞速发展，对于本项目的定位与推广具有积极作用。

南岸区发展状况

自然地理及交通

南岸区位于重庆市主城区长江以南，依山傍水。该区地貌以低山、丘陵、平坝、河流为主要特征，属亚热带季风气候。南岸区幅员面积 265 平方公里，辖 6 个街道、9 个镇。2004 年全区常住总人口达到 65.13 万人，与 2003 年相比增加 0.99 万人，增长 1.54%。常住人口城镇化率达到 100%，在全市位次排列与渝中区、大渡口区、江北区、沙坪坝区、九龙坡区并列第一位。

南岸区建设定位于主城中心区、都市工业区、国际会展区、中心商务区、风景旅游区和对外开放的“窗口”，目前已发展成为重庆金融、贸易、电子信息、生物工程、风景旅游的重点地区，拥有国家级经济开发区。

南岸区作为重庆市主城区的南大门，区域交通便捷，基础设施完善。拥有等级公路122公里，与渝怀、渝黔高速公路相连。目前南岸区有4座大桥（长江大桥、鹅公岩大桥、李家沱大桥、大佛寺大桥）与渝中区、九龙坡区、江北区相连，规划中有菜园坝大桥、寸滩大桥（在建）、东水门大桥（拟建）、黄角沱大桥（拟建）、王家沱大桥（拟建）。同时还有拥有长江黄金水道。

园林景观设计

（一）景观的“生态化”设计

■植物材料运用——人以“类”聚，物以“群”分

立足于因地制宜，做到疏密有致。在植物配置方面通常做法是配置层次分明的植物群和保留完整的草坪，二者形成空间对比。地下车库的上部配置植物时，应落实到每一棵乔木种植点，并与地下车库的结构相协调。对角部分的植物配置也要精心处理。

（二）景观的人性设计

■强调人的参与性——“人”就是一种景观

必须充分考虑现代人的生活习惯，合理地配置场地设施，以激发住户进行户外活动的兴趣，引导其生活方式向健康科学的方向发展，增设老少皆宜的运动场地，如锻炼场，健康步道等。根据现代景观设计理念，景观是一个包括景致与观景者的系统，人的活动应成为景观系统中不可缺少的部分。

（三）行政办公大厦

1. 产品外立面建议

采用倒锥形的顶部使其具有显著的识别性并能塑造环视景观平台，成为建筑的亮点。较多地采用落地玻璃幕墙增加时代感。总之建议大量采用通透材料，使项目立面保持简洁硬朗的风格。

2. 入口豪华雨棚设置彰显价值及识别性

入口选用豪华雨棚设置，既提高档次感，又使入口给人很强的标识感。

3. 大堂及公共部分

按照高级酒店标准装修

外墙：高级玻璃幕墙

大堂：高级石材、高级饰材，精装修

电梯前室：高级石材、高级饰材，精装修

公共卫生间：高级酒店标准，精装修

（四）其他高层物业

1. 挺拔的现代建筑风格彰显国际化城市新贵飞扬的气质

一个真正的高品质建筑就是要让业主们去感受一种氛围。本案的目标客户为事业成功人士，现代、简约的表现手法最能让这些业主产生共鸣，同时本案要显现出唯一性与独特性，首先要赋予项目凸现风格的外衣。

2. 公共大堂

每幢楼均设豪华塔楼和首层大堂，配备落客区。前厅挑高 3.9 米，每幢公寓设公共接待大堂，设接待台、沙发、自动售货机、配合背景音乐、信报箱等，具备三星级标准。

户型建议

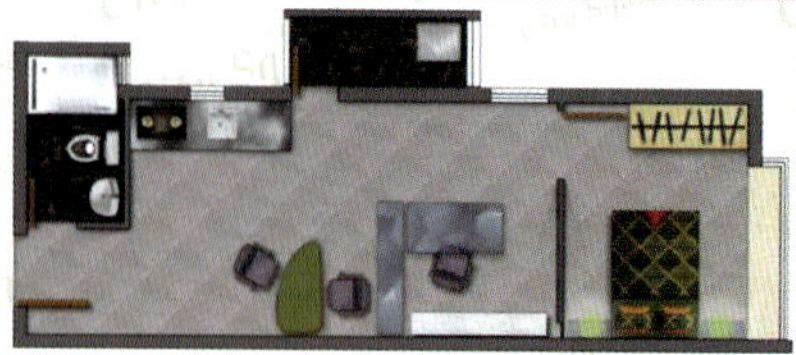
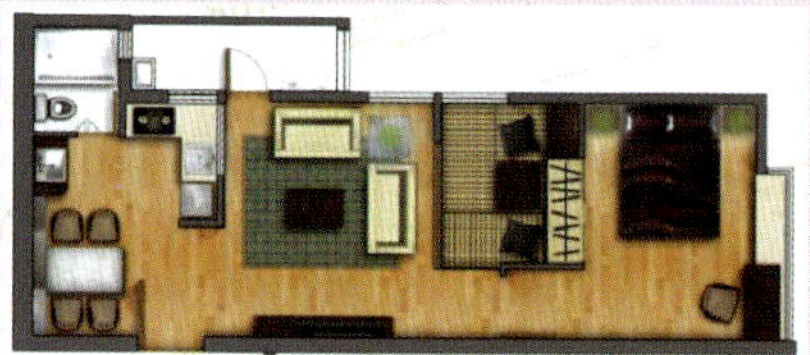

自主无墙个性设计

自主无墙空间设计为当前最为流行的户型设计，该设计避免了墙体对空间的局限，业主可根据自己需求进行隔断与划分。

设想：

大堂及公共部分按照国际五星级酒店标准进行

按照国际级
五星级酒店标准装修

（五）建议酒店式公寓、个性商务公馆室内采用国际五星级酒店的装修标准

为提升项目档次，以精装修面市将是项目营销的必然趋势，所以建议所有物业采用国际五星级酒店的装修标准进行室内装修。

广万，华丽起舞

——“坡岭顿小镇”的奇迹

2006年夏天，重庆市政府明确认定两个新增城市副中心。其中之一的南岸茶园，是一个极具特色的项目。2007年4月，一个叫坡岭顿小镇的项目低调开盘，却赢得消费者一致追捧，开盘当天出现抢购，一天即销售30套独座别墅，创造了重庆市场别墅销售奇迹。是什么原因使得并不为消费者熟知的广万地产和坡岭顿小镇有如此佳绩？坡岭顿犹如童话中的白雪公主，用它的经历向我们讲述了一个可以缔造的地产童话。

点评

或许在一年多前，广万地产、坡岭顿小镇这两个名字，在重庆浩瀚的楼市中，可能罕有人知。

而自 2007 年始至今，整个重庆都领略了坡岭顿小镇的风采。

坡岭顿的成功，离不开各界朋友的支持，各个合作单位的智慧；更重要的是成功源自于我们广万人对自身理念的坚持，对理想的追求，以及高度的社会责任感。

我们不仅仅是在造房子，我们是在打磨建筑精品，我们是在构筑能够真正让人们口味生活的家园。

广万地产，正一如既往的执著前行。

重庆广万房地产开发有限公司　　刘长刚

2008 年 2 月 2 日

产品定位是营销关键

开发企业的气度决定项目品质，项目定位决定产品精度。在坡岭顿小镇产品设计之前，开发企业就下定决心将其打造成为具有独特气

一 总体平面图

质的项目。广万地产邀请世界知名 F+A 设计公司、新加坡银谷景观设计公司、第一太平戴维斯物管公司，立业地产机构，香港杰仕理城市策划公司等作为项目的合作团队，为项目自身的品质和项目后期营销奠定坚实的基础。

2006 年合作团队在前期的交流中，对董事会的新颖思路很惊讶：独特风格，全部独栋，每栋 200 ～ 300 平方米。合作团队在这样的定位下， 开始论证其市场合理性……了解重庆市场目前供应情况用了近一个季度的时间，当时重庆市场上的别墅多以独栋和联排别墅为主，叠拼及双拼别墅相对较少且销售情况不尽如人意。在别墅供应上，独栋别墅是以带有高尔夫为配套的超级景观别墅，面积以 380 ～ 500 平方米为主力户型；而联排别墅虽面积控制在 180 ～ 250 平方米，但其私密性受到局限；我们了解了公司董事会的决策意图：在市场中找到一种差异化的别墅产品！

首先分析该地域的特性和城市发展的关系是必须的，每个团队对地域的特点和城市规划发展研究后得出的项目建议也是不同的。该项目处于重庆市南岸区的拓展区域茶园新区，有着如下的优势：

（1）重庆市、南岸区及茶园新区总体城市定位

区域	总体城市定位
重庆市	重庆是我国直辖市之一，国家级历史文化名城，西部地区重要的中心城市和长江上游的经济中心
南岸区	南岸区是重庆的主要工业基地之一，形成以烟草、汽摩、医药、化工四大支柱产业和纺织、服装、建材、食品四大优势产业为主的格局
茶园新区	茶园新区是重庆市21世纪重点发展的城市副中心，是东部新城核心，是区域性的商业、商务、金融、信息、文化、行政、产业服务中心和交通枢纽

☆ **第三产业成为重庆主导产业，南岸区仍以工业产业为主导**

产业结构决定城市竞争力、经济发展的持续性。长期以来，第二、三产业齐头并进支撑着重庆经济持续稳步增长。2001—2005 年第三产业生产总值年均增速达 22.8%，高出第二产业 8.1 个百分点，到 2005 年第三产业再度超越第二产业，进一步确立了第三产业在重庆经济发展的主导地位，这也符合国际大都市产业结构发展的趋势，如 2005

年上海第二、第三产业比重分别为48.9%、50.2%，北京为30.8%、67.8%，产业结构的改善将体现为重庆城市竞争力逐步提高。

2001—2005年重庆市三大产业对比 （亿元）

年份	第一产业			第二产业			第三产业		
	重庆市	南岸区	占全市比重	重庆市	南岸区	占全市比重	重庆市	南岸区	占全市比重
2001	293.03	1.97	0.7%	727.66	40.46	5.6%	729.08	19.01	2.6%
2002	315.78	2.69	0.9%	827.55	44.57	5.4%	827.97	21.53	2.6%
2003	336.36	2.87	0.9%	977.30	53.42	5.5%	936.90	24.91	2.7%
2004	423.70	3.35	0.8%	1 181.24	62.77	5.3%	1 060.45	28.68	2.7%
2005	463.42	3.07	0.7%	1 258.32	68.70	5.5%	1 347.36	43.29	3.2%
2001-2005年均增速	12.1%	11.7%	—	14.7%	14.2%	—	16.6%	22.8%	—

注：2001—2005年同比增速以当年价格进行计算，包含价格变动因素

☆ 重庆市整体产业布局

根据三大经济区工业化进程，结合区域优势，按照“点—轴—网”发展模式，围绕“二环八射”的交通干线，以都市发达经济圈和渝西经济走廊、三峡库区生态经济区的区域性工业经济中心为重点，以工业园区为载体，通过一批重大项目的实施，科学合理调整生产力布局。

区域	产业发展计划
都市发达经济圈	重点布局发展技术密集型和资金密集型产业，加快发展高新技术产业、汽车摩托车产业、装备制造业和都市型工业
渝西经济走廊	依托一、二环重大工业项目的布局，建立与大工业配套的加工体系，因地制宜发展“配套型”工业；承接都市发达经济圈产业升级转移的企业和行业
三峡库区生态经济区	以万州、涪陵、黔江、长寿为重要增长极，以渝万高速、长江水道、渝怀铁路为轴线，重点发展能源、矿电联产、天然气和盐化工、建材、农副产品深加工等特色产业，突出抓好有相对优势的资源加工转化型产业、劳动密集型产业，扩大移民就业，增加移民收入，广泛吸纳各地的技术和资金，加快推进新型工业化进程

数据来源：2004年《重庆市工业生产力布局调整规划》

☆ 主城区重点产业布局

都市发达经济圈重点发展技术密集型、资金密集型产业和楼宇工业，适当发展劳动密集型产业。

在一环高速公路内，加快发展以信息工程、生物工程、环保工程为重点的高新技术产业；发展服装、食品、包装和工艺品生产等都市型产业。

在一、二环线之间重点布局带动作用强的大工业项目。以北部新区汽车城和几个整车工业园区为核心，形成汽车摩托车及零部件生产基地；依托两个国家级开发生产基地，发展数控机床、内燃机、通用机械、大型变压器等制造业。

未来都市发达经济圈发展的新兴增长极是在铜锣山以东和中梁山以西的区域，形成能够疏解老城辐射周边的新城，铜锣山以东即新兴的东部新城区。东部新城包含茶园——鹿角组团、鱼嘴组团、五宝功能区、一品功能区、南彭功能区、惠民功能区。根据新版总规划，到

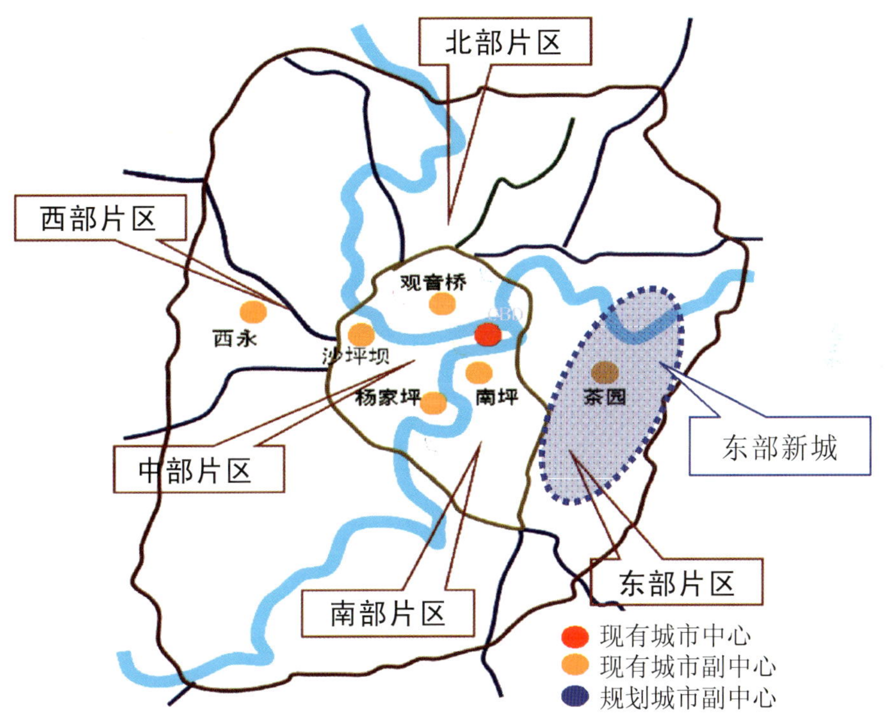

↑主城区扩展示意图

2020 年东部新城规划城市建设用地面积 101.7 平方公里，规划人口 100 万。

以解放碑为城市中心、观音桥、杨家坪、沙坪坝、南坪为城市副

Burlington Town
坡岭頓小鎮
TOWN OF
THE PREVAILING CUSTOM
2007重庆别墅风尚作品
南加州手工纯独栋风尚小镇
世界别墅·中国样子
2007加州之梦驾临重庆!
Dream of 2007 Californias drive Ling Chongqing!
城市建筑的艺术造诣与品位，是世界文化走向共和的典型象征。
美国南加州，美国世人为之向往的神圣领地，世界公民为之倾慕的梦幻国度。
坡岭顿小镇，萃取南加州建筑精脉骨髓，植入东方人文风尚，聚合世界公民生活形态驾凌重庆!
世界文化共和序幕，坡岭顿小镇的到来仅是一个开始。
坡岭顿小镇示范区盛境开启，欲想亲抚南加州现实生活，尊请阁下光临现场!

中心形成主城“五朵金花”，依据新版总规划，主城西进、东拓，规划新增西永、茶园两个城市副中心，未来主城形成“七朵金花”协调发展的格局。

（2）家庭数量分析

2001—2005年南岸区家庭户数平均增速达到3.0%，高出重庆市1.5个百分点，因家庭户数增长带来的住房需求迫切程度高于全市平均水平。

2001—2005年重庆市与南岸区总户数对比

年份	重庆市		南岸区	
	总户数/万户	同比增速	总户数/万户	同比增速
2001	950.56	1.2%	16.20	2.3%
2002	961.69	1.2%	16.50	1.9%
2003	977.01	1.6%	17.01	3.1%
2004	988.59	1.2%	17.62	3.6%
2005	1 010.41	2.2%	18.25	3.6%
年平均增速	1.5%	—	3.0%	—

数据来源：2002—2005年南岸区统计年鉴、2005年统计局

☆ 家庭结构分析

2003—2005年重庆市与南岸区欲购房者家庭人数结构分析

年龄分布	2003年		2004年		2005年	
	重庆市	南岸区	重庆市	南岸区	重庆市	南岸区
1人	3.8%	4.3%	2.6%	1.5%	2.3%	1.0%
2人	16.5%	12.0%	18.4%	15.4%	15.8%	16.7%
3人	63.8%	72.8%	63.7%	70.6%	62.8%	56.7%
4人及以上	15.9%	10.9%	15.2%	12.5%	19.0%	25.6%

数据来源：2003—2005年重庆秋季房交会住宅需求调研数据

从历年重庆秋季房交会住宅需求调研数据来看，欲购房者家庭人数结构显示，三口之家仍是市场主要构成，南岸区4人及以上家庭数

量上升幅度较快，2005年同比上升13个百分点，反映区域人口增长速度较快，未来住房需求上升空间较大。

☆ 城市居民家庭年收入

◆ 南岸区居民家庭收入呈两位数增长，但整体仍处于重庆中游水平。

2000—2004年重庆市与南岸区城市居民家庭年收入对比　　单位：元

年份	城市居民家庭人均全年总收入		城市户均人口/（人·户$^{-1}$）		城市居民家庭年收入	
	重庆市	南岸区	重庆市	南岸区	重庆市	南岸区
2000	6 296.74	—	3.05	2.88	19 205.06	—
2001	6 755.45	—	3.05	2.84	20 604.12	—
2002	7 663.32	7 717.20	3.05	2.84	23 373.13	21 916.85
2003	8 671.91	8 614.79	2.97	2.88	25 755.57	24 810.60
2004	9 910.09	9 708.48	3.02	2.88	29 928.47	27 960.42
年均增速	16.3%	12.2%	—	—	15.9%	12.9%

2001—2005年重庆统计年鉴，2003—2005年南岸区统计年鉴

重庆市及南岸区城市居民家庭年收入同时保持两位数增长，重庆市年均增速达到15.9%，超过南岸区12.9%增速3个百分点。

2004年南岸区城市居民家庭年收入为27 960.42元，低于重庆市平均年收入2 000元，反映出南岸区城市居民经济承受能力较低。

大量的资料得出结论：茶园是一个新的城市副中心，目前的交通还不发达，与市民的心理距离大，但他未来的发展是不可限量的！他有产业支持，他有南山山脉的依托，两年以后他与重庆又有一座大桥相连接——连接重庆的CBD中心江北城，到重庆的解放碑只有十几分钟的车程……根据新区地块发展的周期分析，高端项目最适合在新区生根发芽！

但仅有市场空白点的定位还不足已保证坡岭顿小镇的成功，同时工作团队需要找到这样的一群消费者来印证观念是否准确——即消费者研究。从Group Interview到face to face两种方式的消费者需求调查，让我们逐渐印证了该区域在目标消费者心中的接受程度，印证了产品

的接受程度，印证了消费者的心理价位，也了解了如何解决消费者心中的疑惑！对这些高层次的消费者的研究为我们后期的研发和营销策略的制定打下了坚实的基础。

↑坡岭顿项目媒体广告

设计的精雕细琢

建筑设计师是知名美国设计师事务所F+A的合伙人Mr. Tein Wang，王先生是美籍台湾人，在中国的作品有著名的上海佘山高尔夫郡，北京的纳帕西谷别墅等，现在则是重庆的坡岭顿小镇。在一期的示范区修建期间，他每月或半月就会从美国或上海赶到重庆的工地现场，一次又一次的交流会，他会提出一个又一个的修改意见，目的是保证他的设计不走样。

我们也参加了无数次关于景观设计的讨论会，我们感叹于开发商的认真和执著，一直记得公司董事长的一句话：我们要做有理想的企业，我们要做有品位的项目！为保证原味的设计细节，开发企业在成本和细节的处理上做了大量的让步，目的是：做出有品位的项目！

我们还记得为了加长加宽游泳池，我们开会要修改中心庭园的设计尺寸，要花时花工花成本，同时修改会所和走廊的设计和施工；为了地砖的拼贴工艺的不到位而返工；为了采购到几十种设计花型的特制铸铁栏杆，为了采购园区中庭高大的银杏树，为了107种不同样式的别墅材料的采购工作，全公司的工程部，材料部，设计部，物业管理筹备组……几乎所有的人都夜以继日，大家为了一个共同的目标：严格把关，让广万地产亮出最有品位的产品！

从物质到精神层面的提升

有了高品质的产品，如何找到准确的传播内涵？成了推广之初的难题。面对社会精英阶层人群，这样的消费群会把居住定位在整个重庆市，甚至是整个西南地区。因此我们的竞争项目不只是南岸区的别墅，也不只是重庆市的别墅；我们工作团队一行考察了上海的、北京的、成都的重点别墅项目，希望从中得到更多的启发。

←林荫小道

我们发现很少有别墅项目的宣传是直达消费者心灵的，现在大多数的广告都是就物业说物业，就房子说房子的宣传，如何才能反映这种物业的内涵？如何才能用一种人们熟知的方式来表达坡岭顿小镇的生活方式？

我们用电影《TIFFANY 的早餐》中的镜头来表达，TIFFANY 是无数女人心中的梦，我们用来表达 BURLINGTON TOWN 也是女人心中的生活之梦！我们用《托斯卡纳艳阳下》中的人们向往的高品位生活方式来潜移默化，来激发客户的想象……

经过无数次的争论，无数次的讨论，进入正式对外亮像，由最开始的"南加州手工别墅"，确定出"世界别墅，中国样子"作为我们的首期广告宣传！再到"独栋，其实是一种生活态度"，所传达的信息，也由单一的生活场景的呈现延伸至生活方式的诠释，以及生活态度的表达。

↑坡岭顿项目别墅效果图

↑坡岭顿项目交通示意图

渠道为王的 DM 式营销

坡岭顿小镇项目总共有 300 套独栋别墅，也就意味着项目直面的有效人群也就 300 组而已。

传统楼盘营销一般首先采取报媒广告集中轰炸的方式，以快速积累客户资源。然而对于只面向 300 组客户的坡岭顿小镇来说，采取传统的报媒广告，大面积撒网，有效比太低。与坡岭顿小镇同处南岸茶园新区，且销售周期相差无几的某楼盘为例，在同样的报纸上打广告，假设受众数量都为 15 万人次，然而周边的住宅项目共对外发售 1 000 余套，而坡岭顿一期仅为 90 套。这样比较下来，坡岭顿小镇做报媒广告显然非常不划算。因此，在项目进入前期蓄客期时，坡岭顿小镇采取了类似 DM 直销式的渠道营销方式，在普通媒体上渲染的同时，建立了一套渠道营销网络，在其中搜寻有价值的客户。

别墅这样的大件、高档的消费品，本来就是市场细分后的产物。

因此针对高档别墅的这个定位，坡岭顿小镇的营销是首先选择了最有可能涵盖目标客户的 18 个行业，进而在这些可能的行业、场所内部进行深度挖掘。比如银行、高尔夫会所、高级女士美容 SPA 中心、汽车销售 4S 店等。由特定人员定向联系这些行业，并从这些行业中能与客户直接接触的人员中，发展近 40 位外围客户经理。这 40 位外围客户经理的作用，实际上与一般售楼部的销售人员没有任何区别，唯一不同的是，他们的销售场地不在项目周边，而在自身所处的工作岗位上，而他们的身份与兼职销售人员差不多。

筛选外围客户经理的标准，一般是这些行业、场所中与客户接触机会和频率相对较高的人员。只要有机会接触客户，就不愁把一种全新的生活理念灌输给客户，并引导客户产生购买的冲动，从而实现销售。

显然，这种点对点的 DM 式营销比起大范围的广告、四处撒网且

E户型 / 西班牙式

← 坡岭顿项目别墅手绘图

费用昂贵的报媒广告营销来说，更有效、更直观。而在这个号称渠道为王的社会，正确使用渠道优势也成了坡岭顿小镇在业界站稳脚跟的法宝之一。

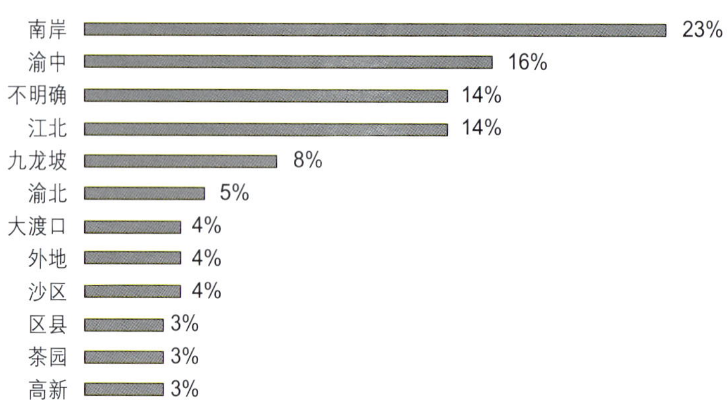

一坡岭顿项目别墅手绘图

建立一个圈层

销售别墅，不仅仅是在出售一个高品质的生活场所，而且是在倡导一种全新的生活方式。更重要的是，一个全新的生活圈子因此而形成。坡岭顿在销售期间，就合理地利用了这一特殊物业所引起的连锁反应，通过一定的活动，将圈层提前形成，让准业主们超前感受到不久后的生活，从而坚定购买这一别墅的信心。

2007 年 1 月 20 日，金源酒店，一个充满着南加州风格的私人 party 在悠扬的美国乡村民谣中举行。30 余名受邀嘉宾纷纷盛装出席。而一直生活在快节奏、紧张生活中的准业主们，在这轻松、却又有别于平时的生活中频频举杯、优雅起舞，犹如电影、电视剧中的场面。据当初策划这起活动的立业团队人员介绍，这次活动主观上是想让客户们感受纯粹的南加州风情，从而爱上坡岭顿的生活；而客观上竟然成了一个交流的平台。这些客户通过这样一次机会相互认识，有一部分居然成了日后工作上的伙伴。

在样板间开放期间，同样也策划了许多充满异域风情的活动，始终给客户这样的感觉：如果以后居住在这里，将

↓ 样板间，纯粹的欧式风格（会客厅）

得到一种与现在的生活完全不一样的生活方式。这种生活方式，正是自己多年来一直在寻求的。这里有志同道合的朋友、有互助互利的工作伙伴、有适合下一代健康生长的环境……其实这就是属于一个特定圈层的生活。

经过整个团队的不懈努力，让首次涉足房地产行业的广万地产公司获得了巨大的成功和赞誉。坡岭顿小镇项目一期 90 套别墅，在两个半月内就售罄，创造了重庆高档别墅销售记录。

← 法国马赛附近的小镇，窄小精致的街巷尺度正是引人流连忘返之所在

附件：

项目基础资料

坡岭顿是以南加州风格建造的纯独栋别墅，是由国际知名的美国 F+A 担纲设计，260 ～ 360 平方米为主的独立别墅，结合三个不同标高的四重庭院，在西班牙、圣塔芭芭拉和托斯卡纳三种风格基础上，演化出上百种户型立面变化，为住户打造了一个高品质的生活特区。

项目地址

重庆南岸茶园新城区玉马路 10 号

占地面积

整体占地 1 500 亩（包括后期开发用地），坡岭顿小镇一期 400 亩

总建筑面积

一期约 9 万平方米

户型面积

260 ～ 360 平方米

总户数

一期 300 户

容积率

0.4 左右

绿地率

45%

建筑形态

纯独栋别墅区

卖房就是卖“圈子”

——“庆隆南山高尔夫社区”稀缺资源的独占神话

“庆隆南山高尔夫社区”地处有“重庆肺叶”之称的南山，成功引入希尔顿度假酒店入驻，并邀请美国十大建筑设计公司之一，世界排名第一的酒店及度假村设计机构温伯利·艾利生唐古建筑设计公司（WATG）担当设计，由美国专业的住宅设计公司巴瑟尼亚（BassenianLagoni）担纲建筑设计，而高尔夫场和练习场则是由知名的美国尼克劳斯设计公司担纲设计，景观设计是久负盛名的St.Legere Design国际景观设计公司精心打造，被称为地产与高尔夫联姻项目的全能冠军，它占尽了天时、地利与人和，阵容豪华而强大。然而，如何将这些资源整合，让其相互协调，相互提升，发挥各自最大的能量，却是一个不容忽视的问题。

最终，策划团队在大量调研和思考的基础上，提炼出了“圈子”和“文化”这两个关键词。

点评

从国际商务地标希尔顿大厦到CBD滨江豪宅海客瀛洲、再到南山国际高尔夫生活社区。一座座高品质、国际化的项目充分诠释了企业作为“国际VIP生活缔造者”的理念。

今日的重庆，正在经历一个巨大的蜕变，城市地位的提升、国际化的趋势，使未来的市场充满了竞争与压力，但是企业本着“勤奋务实、严谨高效、变革创新、追求卓越”的经营理念，必将在打造高品质建筑、塑造精品生活这条路上坚定不移的走下去，为提升重庆的人居价值作出贡献。

重庆庆隆屋业发展有限公司总经理　彭治民

豪华阵容打造全能冠军

一个阳光的下午，一颗白色“子弹”在球杆挥动瞬间喷薄而出，在崇山峻岭之间划出优雅的弧线。此时，你会情不自禁地深呼吸，远

→加拿大多伦多 QUEEN'S PARK·最好的景观就是自然

远凝视着白色小球是否一杆进洞。对于成功人士来说，高尔夫不仅是一种运动，还是一种生活姿态。和高尔夫关联的房产项目，都在试图强调一种生活姿态的高雅与尊贵，而庆隆南山高尔夫项目试图把这种姿态发挥到极致。

庆隆 · 南山国际高尔夫社区是庆隆屋业成功打造重庆标志性建筑——重庆希尔顿酒店、庆隆 · 希尔顿商务中心、庆隆 · 海客瀛洲后，投资开发的集高尚运动、酒店商务、休闲度假、高品质住宅为一体的世界级半山富人区。

在重庆，“庆隆南山”被称为地产界高尔夫关联项目的全能冠军，它占尽了天时、地利与人和，阵容豪华而强大。

——地处南山。南山是离重庆主城最近也是最大的森林公园，被称为“重庆的肺叶”。这里植被丰富，形成了一个天然氧吧。南山丰富的自然资源与人文资源赋予项目更深的内涵。同时庆隆南山高尔夫社区独有 2 000 亩原生态公园，且不说公园里预设的野餐区、荷花区、峡谷区等，光是能俯瞰整个高尔夫球场的气势，就让人产生“一览众山小”的愉悦心理。

——希尔顿度假酒店入驻。操作过重庆希尔顿酒店的庆隆物业，为了提升南山高尔夫社区的品质，成功将希尔顿度假酒店引入社区。这是希尔顿酒店在中国开的第二家度假酒店。冲着希尔顿的名气，就能让人对其五星级品质产生足够的好感。不难想象，重庆在继北京、上海、成都等地之后，这里将成为又一国际度假胜地。

——国际团队倾力协作。美国 WATG 国际企业设计联盟领衔的强力后盾。南非太阳城迷城宫殿、迪拜皇家幻影酒店、巴厘岛凯悦酒店……这些世界级的旅游休闲度假区的经典之作，都是由 WATG 完成整体规划设计的。美国尼克劳斯设计公司设计专业球场，St.Legere Design 国际景观设计公司负责景观。这些国际化重量级的优质团队加入，无异于为庆隆南山高尔夫社区投了一份终身保险。

——名山之上的高尔夫球场。南山18洞72杆国际锦标赛级高尔夫球场由全球著名的球场设计公司尼克劳设计，它不仅是重庆唯一的尼克劳斯球场，也是在名山之上的山地球场。

稀缺的资源优势让其他高尔夫社区可望而不可即。要做就做最好！在这样的理念支撑下，庆隆物业为南山高尔夫社区构思了美好的蓝图。而此时的庆隆南山高尔夫社区，宛如拥有着纳什、科比、邓肯、加内特、麦蒂等光芒四射的明星阵容球队，都是身价可观的大腕。但是，如何让每一位巨星都发挥出潜能？如何布局才能出奇制胜？怎样才能使他们和谐共生相得益彰？针对开发商领导提出的如上问题与要求，工作团队展开了深深的思考。

发挥“木桶”的长板优势

由于操作过“上邦国际高尔夫社区”的成功经验，再接招庆隆南山高尔夫这样顶级的超大型国际社区，工作团队首先对项目进行了有针对性的定位。

跟每次大型策划案开始启动时一样，团队进入整夜不眠不休的讨论状态。也不知道激烈的争论持续了多长时间，逐渐安静下来的空间里只弥漫着浓烈的烟味。角落里一个突如其来的声音划破了黑夜的沉闷：“我们应该发挥项目的长板优势。”是的，长板优先！这个被频繁运用在管理学中的“木桶理论”新解为庆隆南山高尔夫社区打开了一扇明窗。

管理学中提到的“木桶理论”认为，一个桶装水多少，不取决于木桶的长木板，而取决于木桶最短的木板。如果把木桶原理比作是对现状的描述和概括，那么要发挥木桶的优势，必须要加长短板，但是执意单独加高短板，不仅不牢固，防漏的能力也很差。解决的方法只有先加高长木板，改变了木板原有结构，在新的关系下，使短板加高成为可能。这就是所说的长板优先。

类似庆隆高尔夫社区这样的豪华阵容项目国内并不多见，为了确定项目的长板优势，开发商营销团队的骨干成员与立业团队一起开始了新一轮的全国顶级高尔夫地产项目实地考察——“取其精华，去其糟粕”。第一站选择了地理位置最接近重庆的成都。

成都“麓山国际”——一个离市中心仅15分钟车程、拥有18洞的高尔夫别墅项目。眼前高尔夫别墅的尊贵感和舒适感让人眼前一亮：俱乐部会所充满了北美风情，别墅区建筑高大而不失典雅，西北角的教堂、安静的图书馆、异域特色的风情商业街组合成一个绝佳的度假与休闲的世外桃源。考察完成都，他们又马不停蹄地赶往北京、上海、深圳、香港……从顶级高尔夫地产项目中吸取营养。

一次次的视觉盛宴，强化了策划团队对“庆隆南山”项目长板优势——资源的认识，但在自身优劣势基础上，寻找与同城类似楼盘的异化化也相当重要。

比较同城优秀的高尔夫或别墅项目，有的别墅强调经典，主攻“一生一栋”的收藏概念；有的别墅虽然也有2 200亩的天然屏障，但建筑仅停留在单一的西班牙风格；有的强调“别墅中的豪宅”；有的诉求点在于观山水城市风景。而“庆隆南山”项目，拥有在中国家喻户晓的“南山”这一奢侈资源，加之占据了经典、风格多样、豪宅等多个概念，在所有同城品牌中，其综合优势最为明显。

策划团队认为，只有发挥“庆隆南山”的长板综合优势，才能显示出它的独特之处，与其定位成一个与世无争的世外桃源，还不如定位为极致上品：它是比肩国际的世界级半山富人区，是人文和自然完美结合的第一居所，是集合国际人文圈、国际生态圈、国际运动圈、国际风情圈于一体的3 300亩高尔夫别墅生活圈，是高品质人生的象征。

“回归自然，还原自然”不仅是都市人梦寐以求的理想居所，更是上层社会生活及养生的直接需求。优越的自然条件资源，其不可再生性不是后天造景所能取代的。因此，可作为别墅开发的重要依托。

↓ 香港，自然生态的环境成为世人崇尚的居住空间

深度挖掘地域文化

我国著名表演艺术家李默然之子李龙吟对文化遗产相当有研究。他曾经说过，人们对空间的评价有 3 条远指标：人文的空间、有诗意的场所和有故事的地方。生活在这座城市里的人的这 3 种心态，与楼盘的升值空间有着非常直接的关系。

这 3 条评价标准，应用到任何一个楼盘都同样适用。首当其冲的是“人文的空间”，“如果让居住在房子里的人感到这里有文化，他自然会有一种骄傲和归属感，这种满足感和满意程度是成正比的。”工作团队认为，“庆隆南山”项目针对的顾客群体是成功人士，简单的豪华和奢侈未免流于轻浮、浅薄乏味。自然，选择“庆隆南山”的客户将非常重视居所的文化价值。

这是和以往的楼盘策划方案大不相同的。说到南山的泉水鸡，重庆人几乎都知道，但“吃在南山”只是一个短期效应，而且局限了其区域生态和人文价值被更多的老百姓认知。策划团队翻阅了大量文献资料，发现南山文化积淀厚重，是重庆文化中重要而不可或缺的一隅。

南山中的一脉——黄山，20 世纪 40 年代开始就聚集了大量达官贵人居住于此。蒋介石官邸“云岫楼”、宋美龄旧居“松厅”、马歇尔居住过的“草亭”、美国顾问团驻地“莲青楼”等 13 处重要历史文物遗迹保存相对完好，它们通过自己的存在向世界倾诉着南山的昔日风光和尊贵气质，以及其不可忽视的地位——远东抗战反法西斯指挥中心。这不仅让南山，而且让整座重庆城都沾染上了英雄之气。

南山半山腰的老君洞，长年人声鼎沸，香火旺盛，这里是道家文化聚集地、西南道教的发源之地。重庆有三处香火特别兴旺宗教场所:罗汉寺、华岩寺，还有一处就是老君洞，而这又是唯一一处道教繁盛的地点。宗教文化给南山赋予了独特的气质。

此外，值得一提的还有朦胧的涂山文化。涂山因大禹治水而闻名于世。相传大禹治水期间，在涂山娶涂山氏为妻，大禹治水有 3 过家门而不入的传说，因此人们为了纪念他，在山上修建了涂山寺。而涂山氏望夫不归，久久矗立江边，逐渐演变成了一尊“夫归石”。这些传说，在现在的南山都有踪迹可寻，无论是真有其事，还是后人杜撰，涂山和大禹的故事着实留在了重庆人心里，为南山文化增加了一丝趣味。

相对虚无缥缈的神话故事而言，窑瓷文化就显得更为真实而有据。据新闻报道，在南岸鸡冠石慈母山和南山黄桷垭都分别挖掘出涂山窑的窑址，其规模之大在我市主城区尚属唯一。据考古学家推测，这里出土的陶瓷年代可以追溯到南宋末年至元代初年，是民间的土窑厂。主要分布在南山山脉中涂山至南山公园之间的谷地一代，绵延约 2 公里。

抗战文化、道教文化、大禹文化和陶瓷文化，这些深厚的历史文化让庆隆南山高尔夫社区的价值骤然提升，使其不仅有人文的空间，也成了有故事的地方。文化带给楼盘的附加值甚至远远超过了策划设想之初——仅仅把它们当作丰富楼盘内涵的一个要素和插曲。甚至有顾客直接慕名而来，是为了想更靠近一个城市曾经的英雄梦想，底蕴对于讲求品味的成功人士来说，无疑有更大的吸引力。

强调“国际化生活圈”概念

“现在的房地产竞争已经进入了以优质生活方式取胜的高级阶段。”重庆的房地产竞争在近两年来，已经从初始的价格竞争，经历了以产品取胜的中级阶段，进化到以高品质生活方式作为评价标准的高阶段。

致力于国际 VIP 生活缔造的庆隆屋业对于“庆隆南山高尔夫”项目已不是简单看作单纯的房地产项目来开发。它集合了高尔夫球运动、酒店商务、休闲度假、高品质住宅四个方面。任何一个单项都是独立而强大的，都能支撑起一片天空。拿高尔夫运动来说，当高尔夫已经成为一种成功人士追捧的时尚运动时，一切都变得价值无限。2007 年“十一”黄金周官方发布的最新数据显示，北京、上海、广州等大城市的有钱人已把触角伸入西南地区便宜的高尔夫球场，“十一”黄金周的前三天，重庆各大高尔夫球场每天客人的日流量达到 500 人次以上，甚至还有旅行社推出了高尔夫双飞之旅。

毫无疑问，高尔夫运动热对庆隆南山高尔夫社区的开发也有相当大的促进。多元复合型的开发方式，为其成为全能冠军又助了一把力。

当然，仅仅当全能冠军是不够的。当人们更注重比赛的过程时，对全明星阵容能否最终取胜的关注，远远不及注视他们如何争夺到每一个比分。

怎样才能使全明星阵容发挥最佳水平？经过慎重而缜密的思考，立业的答案是：整合资源，打造国际化的生活圈。

便捷的交通是生活圈形成必需的要素。要吸引客户把远在崇山峻岭中的别墅当作第一居所，交通应该通畅快捷。而“庆隆南山”拥有三纵三横的立体交通网络，从茶园新城区通过已建设和待建设的真武山、南山、慈母山三条隧道便可以直接连接重庆的主城中心区，车程都在15分钟以内，打破了传统线路至少半小时以上车程的限制，有利于更广泛区域人士置业，可以有效地扩大客户人群，使生活圈变成可能。

在庆隆南山高尔夫社区里，除了首屈一指的标准高尔夫场地和高品质五星级希尔顿度假酒店外，楼盘本身充满了浓郁的异域风情。在那里，人们能找到西班牙的托莱多小镇，美国的伍德兰芝林地社区。也许上一分钟你还停留在西班牙三大古都之一“塞维亚”，随着汽车的飞驰，一会便到了以葡萄酒闻名于世的雪莉小镇。完全西式的建筑风格，让人情不自禁感到这也许就是在异域，是体验异国风情的一次旅行。

国际化的生活圈离不开高品质的配套设施。“庆隆南山”特地在

↑ 加拿大多伦多 QUEEN'S PARK · 夏天的绿色充满着整个世界

项目中部的峡谷山顶修建了山顶温泉度假中心，设有 SPA 水疗健身中心、室内泳池、特色露天温泉池、网球场等。另外，属于这个社区的情景式购物广场将临湖修建，除了满足人们基本需求的大型超市、餐厅、酒吧、咖啡屋以外，社区里还将建造教堂，让生活圈更完善。“我们不断完善国际化生活圈，提高业主的生活品质，目的在于实现豪华阵容价值的最大化。”主策划人解释。

情景式体验感受尊贵

由于楼盘针对的并不是普通消费群体，一个定位明晰的潜销策略正在酝酿中。

什么人会买这样的别墅？经过与开发商团队的共同讨论分析，我

一别墅效果图

们把销售对象清晰归类定位：具有中国特色的贵族，人们常称的“知富”阶层；在渝经商或重庆本地的富豪级人物；港台及境外的商人或在内地有物业的成功人士，这些是独立别墅群体的生力军。同时，还预设了购买群体第二梯队：国际级大企业驻渝人员或本土高级职业经理人；重庆周边其他市区的一些资金雄厚人士；以及其他一些无法确定的人士。在第二梯队中，消费主要以联排别墅以及GOLF度假别馆为主。

通过本地房交会和推介会，以及户外广告牌的大量运用，庆隆南山高尔夫社区逐渐被人们认识。如果只靠重庆的消费者，是消费不起整个国际化社区的，继而推荐会开到了北京、上海、香港……立业希望在全国更大的范围内，“庆隆南山”在各地都能被认知和接纳。

在大规模宣传后，潜销才悄然正式登陆。通过庆隆TOP会员的大力招募，利用旗下希尔顿酒店，海客会等VIP客户直接宣传销售，并在旗下希尔顿酒店及其他五星级酒店、高档会所大堂设立了外展示接待中心，针对高端人群开展的TOP活动……在项目前期推广中，通过以上形式共积累目标客户3 000余组。这也为在项目一组团蕙风岸一开盘就迎来空前火爆的销售场面，所推别墅销售一空作出了解释。

此外，随着庆隆南山高尔夫的逐渐成熟，业主数量逐渐增加，为树立口碑、形成圈层营销，开发商将以高端公关活动为主线，如参加或组织了世界顶极奢侈品鉴赏会、业主慈善义捐会、东西方节日庆祝会、中国GOLF巡回赛、西南地区大使邀请赛、业主高尔夫挑战赛、异地商会联谊会、住户太太联谊会等各种精英人群的沙龙、比赛等……在最具购买力的人群中定向推销让世界级半山富人区早日成熟成为现实。

附件：

一、庆隆南山高尔夫社区功能定位模型

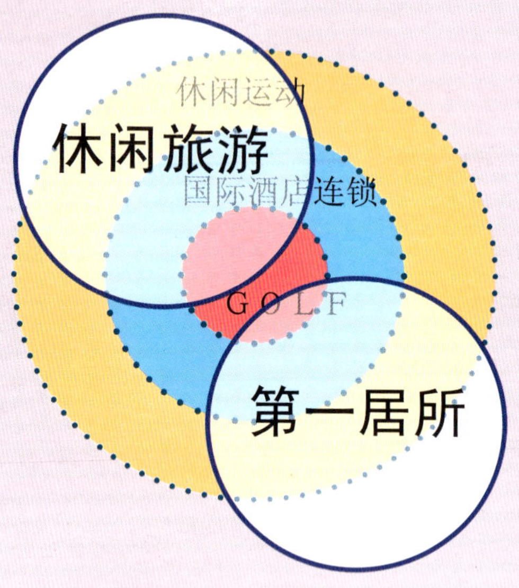

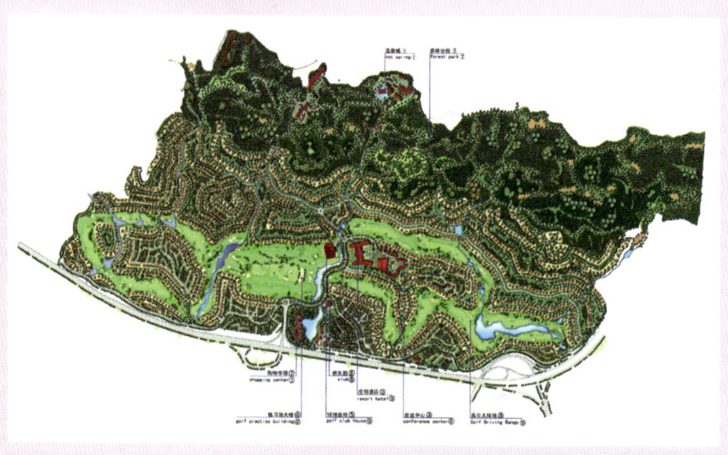

“庆隆南山”项目是人文和自然完美结合的第一居所；（设计效果图）

“庆隆南山”项目集合了休闲养生、运动产业和房地产三大概念；（设计效果图）

hotspot

“海客”归来

——西南最高住宅“海客瀛洲”如何实现二次营销高潮

尽管有特区政策的煽风点火，但如果没有有效的营销手段，海客瀛洲只能在普通市民心中重现光辉，其影响力并不能到达海客瀛洲潜在客户身边。

海客谈瀛洲，烟涛微茫信难求。

在诗仙李白笔下，海客口中的瀛洲是虚无缥缈、不可寻求的仙境。穿越千年时空，这仙境在今天重庆朝天门，长江和嘉陵江汇流之处，却成了现实，成了重庆地区及至西南的豪宅的典范。一家专业地产机构曾经有一个关于豪宅的调研，当人们询问“说到滨江豪宅的时候你会想到什么项目？”，80% 以上的人都会提及海客，海客在当地的影响可想而知。

“海客瀛洲”坐拥两江会合的绝佳江景，远眺有“山城花冠”之

一 先天的地理优势注定了海客瀛洲成为滨江豪宅的命运

称的南山，背靠CBD核心区域解放碑，其地理位置和楼房品质，无疑都是这座城市的“地标”之作。项目伊始，高档次的定位、滨江的资源的优势就深受国内外消费者和投资机构的青睐。2005年，本项目以巨资策划了一次刘嘉玲代言的公关活动，在本地及国内造成了前所未有的影响，获得了市场一致的认同。但三幢1 500套、30万平方米的市场供应量，在营销的中期依然面临着严峻的市场考验。如何将这个在重庆地区价格已经攀顶的楼盘，在形象、定位和价格上作进一步的提升？

海客瀛州项目入市时，滨江豪宅寥寥，项目先行者角色是当之不易的，而现实环境是重庆南、北滨江楼盘正处在风起之初。南滨路要打造成重庆的浦东，这是政府领导和经营者的一致共识，一个城市发展到一定程度，消费产业必将有起色，而项目再次策动，南滨路已经成为重庆人休闲餐饮的最佳去处之一，更有阳光100、武夷滨江、和记黄埔等国内地产豪强跃跃欲试。

项目营销何去何从？“海客”如何实现“王者归来”的梦想？除了刘嘉玲的代言和一部《好奇害死猫》的外景电影，我们还需要做些什么？

发现问题

定位与环境错位

正如中环之于香港，陆家嘴之于上海，新宿之于东京。两江汇流的地理位置让“海客瀛洲”拥有视野独特的风景。渝中半岛作为重庆的 CBD 中心，为自身增加了财富意义。香港著名女星刘嘉玲的曾经代言，也为豪宅增添了高贵优雅的气质。

这样一座黄金楼盘，从 2003 年开盘起，4 年里价格持续高居重庆顶级楼盘位置，在重庆房产市场尚不成熟时期显得格外惹眼，也有“高处不胜寒”的孤独。因为高端项目的特性在于，金字塔尖的人具备两个特征，一是数量不多，二是撼动不易，于是，一座销售业绩本应该辉煌的豪宅经受着 4 年不能售罄的考验。工作团队从地产商重庆庆隆屋业有限公司接手海客瀛洲时， 和开发商伙伴进行了多次深入的研讨，初步形成了以下的营销共识。

“重庆人都知道”，反而成了海客瀛洲的拦路石，这是营销团队得出的第一个结论。在一个信息传播的时代，关注度的持续性维持面临考验，被关注 4 年之久的楼盘，如何再度激发起市场的关注。

另外一个致命弱点来自于朝天门大环境的影响。本应该说，海客瀛洲处于寸土寸金的渝中半岛核心，有江景山景可看，环境优势本不在话下。但是海客瀛洲紧邻朝天门综合交易区，周边环境复杂，这个阴影一直在开发商心中挥之不去。从20世纪开始，朝天门交易市场就以批发小商品为主，每天有大量的小商户来来往往，因此以此层次为基础的劣质配套充斥在朝天门周边，加之码头和长途汽车站的设置，这里也成了外来打工人口的集散地。周边环境嘈杂、脏乱。海客瀛洲伫立于此，与其豪宅概念不相称，对于追求优美居住环境和舒适感的高端人群来说，项目定位和环境显然有些冲突。

当然就现实的项目而言，一方面客户认为位置绝佳的单位已经早已名花有主，另一方面，尾盘的价值感偏低，但售价却在客户的心理上形成偏高的感觉，这也是大多重庆人谈到滨江豪宅时认为都想到海

CBD滨江豪宅 就是海客瀛洲
海客瀛洲，重庆CBD滨江豪宅的标准
绝版典藏100-220㎡『荣郡』敬请莅临品鉴
时空推移，城市扩张，重庆CBD还是渝中半岛的解放碑；江山如此多娇，至上大美者，在海客瀛洲，更是财富时代的代言者。
港式滨江豪宅设计，媲美香港擎天半岛、上海世茂滨江，揽尽全球的极致风华；重庆唯一超大的6000㎡铂金住户大堂，亚洲御厨王子饭店，
五星级希尔顿酒店式物管……既为空前鉴赏，也是绝后收藏。
实景拍摄

↓ 海客瀛洲媒体广告

客的原因之一。客观上讲，海客瀛洲项目在价格曾经领先了一个时代，但在后起之秀林立的今天，其单价抗性已不明显，但客户普遍报以等待打折的观望态度。

在“血雨腥风”的楼市竞争中，一个问题摆在公司工作团队面前：如何将海客瀛洲卖得最好？如何建立海客瀛洲深入人心的“完美”形象？

重新定位

从“云上”到荣郡

在海客瀛洲各项工作启动前，我们和开发商营销团队再次进行了深入的研讨，达成了惊人一致，庆隆屋业领导对此次立业进场工作提出了总纲性的要求。既然普通营销思维在这场拯救战役中不能达到预期目的，那么超越就成了必然之路。突破旧的营销思维，打破传统意识的禁锢，制造热点营销话题，抢占市场的制高点。铤而走险、放手一搏是海客瀛洲从辉煌走向更辉煌的唯一出路。

策划人员数夜的头脑风暴后，一个清晰的营销战略逐渐勾勒出来——必须赋予楼盘新的形象价值，新鲜的视觉感受，创造升级的概念，重塑楼盘归属感，房价还要不断攀升，既能够延续前期项目滨江豪宅的感受，又能有新鲜的价值诉求。

对于一个在市场上销售长达 4 年之久的项目，海客瀛洲当前的营销使命就是如何以一个崭新的面貌，重装造势，在众多新兴楼盘中重新成为市场的焦点，吸引客户目光。

显然，继续沿用“海客瀛洲 II——云上”的概念，已无法改变现阶段项目给市场的印象。启用新的案名，赋予项目新的价值感迫在眉睫。是的，海客瀛洲的价格既然已经在“云上”下不来，那么海客瀛洲还要向上攀升，用致命高度吸引高端购买人群！

海客瀛洲不仅仅是一幢遮风避雨的居所。它是什么，这正是工作团队公司需要传递给人们的首要信息。它是——荣郡，一个充满理想主义色彩的词汇在几十种备选方案中脱颖而出。既然先天的地理优势注定了它成为滨江豪宅的命运，那么，就强化它。这是一所无上荣光的居所，是身份与地位的象征。

新的营销主题随即诞生——收藏。领衔 CBD 龙头位置，比邻城市发展的黄金中心，坐拥“金三角商务区”渝中半岛据点。前观万里江山，后靠 CBD 建筑群，只有海客瀛洲才能足不出户直接领略重庆两江环绕的独特之美。此外,它还拥有城市景观、南山等多重景观资源，更有王子饭店、海客 CLUB、健身中心等高端配套资源，希尔顿酒店式管理为整个社区提供服务，地铁 1 号线、东水门大桥、千厮门大桥的修建形成完善的交通网络将让通往海客瀛洲的道路更加便捷，构筑 8 分钟国际 CBD 核心生活圈。这些优势支撑海客瀛洲成为重庆仅有的集商务办公性、投资性、自用居家性于一体的滨江豪宅。

这座滨江亲水豪宅的独特优势，它的唯一性和稀缺性，值得一生收藏。

也许海客瀛洲并不是第一居所，但是作为谈资的必需品，完全可以成为有钱人竞相追逐的新目标。工作团队公司打出了响亮的口号：一座城市只有一个海客瀛洲。

全方位营销

一夜之间震撼业界

如果你还看过电影《好奇害死猫》，一定会对其中种满玫瑰的玻璃花房印象深刻。刘嘉玲在那里制造了一系列恐怖的袭击。这个全透明的玻璃花房的拍摄地就在海客瀛洲。电影的热映，着实让楼盘火了一把。

找刘嘉玲代言，并不是某个决策者的个人爱好或者一时的突发奇想。

人人都知道上海黄浦江边有上海滩最昂贵的天价楼盘——汤臣一品。绝版的地理位置让一个平均成本不足 10 000 元 / 平方米的楼盘，一起价就卖到 10 万元 / 平方米。滨江豪宅的概念让汤臣一品发挥得淋漓尽致。而豪宅选择的代言人是著名男影星梁朝伟。

君在长江头，我在长江尾。基因相似决定了重庆打造其姐妹篇海客瀛洲时，找到了梁朝伟的另一半——刘嘉玲。虽然刘嘉玲不及梁朝伟有号召力，但她优雅的气质和在内地如日中天的事业，让海客瀛洲成了长江上新的焦点。“欣赏海客瀛洲，那采邑于江水的灵动线条，纯白外表下的优雅姿态，我看到的是梦幻与现实的叠影，折射出这个半岛的流光溢彩。”刘嘉玲代言海客瀛洲时说。特别有趣的是，娱乐记者爆出刘嘉玲在透明花房策划了恐怖袭击那出戏是在海客瀛洲拍摄之后，寻找透明花房一度成为影迷们到重庆旅游的一个固定节目。

除了明星效应，各方面宣传铺天盖地展开。其中，最富戏剧性的是一场一夜之间的“全城换装”行动。

如何把为海客瀛洲策划的新概念第一时间传达到市民之中？工作

↓ 刘嘉玲代言的海客瀛洲媒体广告

团队曾经为此绞尽脑汁，电视、报纸、航空杂志三管旗下，也不能保证市民在同一时间段内接收到海客瀛洲今非昔比的变化信息。首先应该在全市范围内营造影响，继而锁定固定目标人群。制定好推进计划后，工作团队公司首先想到了当时同属庆隆屋业的奢侈项目——庆隆南山高尔夫。在南山高尔夫项目中，庆隆屋业曾在全城显著位置投放了巨型广告牌，并取得了良好的宣传效果。

何不利用现有广告牌进行推广？

于是，在某一天清晨，全重庆城所有南山高尔夫的巨型户外广告牌全部换成了海客瀛洲荣郡。这一通宵换装事件，无论在业内还是民间都引起了不小的震动。业内大赞换装事件的魄力和推广速度，而民间则是在最快时间内接收到了海客瀛洲变身的信号。

为了引起市民对海客瀛洲的再次关注，重新认识海客瀛洲的价值。工作团队公司还策划了系列注意力事件：把海客瀛洲中的“楼王”，一套560.78平方米的云顶豪宅拿出来公开拍卖。策划者预计，此招一出，在新闻媒体的炒作下，海客瀛洲一定会引起业界内外一片哗然。而哗然背后，海客瀛洲滨江豪宅的影响力将成功深入人心。

除了“楼王”出马吸引注意力，工作团队公司准备利用自己的客户优势，吸引加拿大领事馆等外国机构到海客瀛洲办公。本来，青睐海客瀛洲地段优势的很大一部分人，就是来自海外以及中国台湾、香港等地的富商。其客户遍布全球十几个国家。如果能再打造出重庆仅有的涉外公馆概念，体现项目的差异化，海客瀛洲必定会再一次成功吸引市民的关注。

不过，这两招预定方案，并没有来得及使出。出乎预料的好形势，让海客瀛洲价格飙升的同时，还大卖特卖。

抓住机遇

借特区概念顺势上位

独门暗器还没有使出来，房子就卖疯了，这里有个特殊原因。

2007 年 6 月 18 日，重庆直辖十周年大庆之时，被中央批准为“全国统筹城乡综合配套改革试验区”。作为一个城市能享受到的最高待遇，统筹城乡试验区的定位无疑为重庆未来发展起到极大推动作用。

这其中，最引人瞩目的是重庆将实现统筹城乡战略，即大规模扩城：重庆主城面积 10 年后将扩大一倍，城镇化率将接近 80%。也就

← 王子饭店大厅图

一会所大堂

是说，重庆主城的规划面积扩展到 2 737 平方公里，未来的试验区将有 800 万以上的农村人口转化为城市人口。

这样庞大数量的新增城市人口，意味着重庆的房地产业将迎来前所未有的绝佳机遇。当城市在快速扩张的时候，首当其冲的将是房地产行业。

这样的例子在中国城市发展历史上有鲜活的佐证：当年深圳成为特区以后，一个渔村可以在短短十年间一跃成为中国最发达的城市之一，房地产价格从原来每平方米三四千元，飙升到后来的两三万元；1992 年的上海浦东成为特区以后，一片荒草丛生的长江冲击平原成了中国国际化大都市的标志，整个上海的房价更是一路攀升，如今的上海在主城区内听到 1 万～2 万元每平方米的房源会让人高兴得不得了，因为大部分城区房价每平方米已超过 2 万～3 万元。

重庆同样如此。在不到 4 个月的时间里，重庆房产业也一跃龙门，房价涨幅瞬间堪比北京、上海。

“两会”后，重庆市升级为西部核心，CBD 逐渐成熟，再者，重

会所中的健身中心

庆已正式确定朝天门、江北城、弹子石为CBD的核心组成部分，朝天门作为重庆的形象港，其区域价值得到了飞速提升。海客瀛洲形成了自身的核心竞争力，在皆大欢喜中借势上位。这次再提房价，并不是海客瀛洲单独的姿态，而是重庆房市的整体反应，不但没有引起消费者的反感，反而引得消费者蜂拥而至。

6月下旬，海客瀛洲开创了直辖长假4天劲销2 000万元的新纪录。不少外地客户看准了重庆房产的发展潜力来渝下单投资，而一位来自海峡彼岸的台胞，一人竟下单11套之多。

6月、7月、8月、9月……海客瀛洲爆发出前所未有的力量。销售楼盘的肖小姐兴奋得已经忘记有多累，在她和同事身上保持着从早上9点工作到晚上12点的记录。短短4个月下来，海客瀛洲尾楼的销售额达到2亿元。

“收藏”的概念，在大形势和“特区政策”的推动下顺利扩大。

锁定客户

构建多条营销渠道

尽管有特区政策的煽风点火，但如果没有有效的营销手段，海客瀛洲只能在普通市民心中重现光辉，其影响力并不能到达海客瀛洲潜在客户身边。

项目在市场已经推广了4年多的时间，市民对于项目的关注度已日趋下降，如继续执行项目前期的正常销售流程，对于项目的销售状况无法起到根本性的扭转，无法实现快销和多销的目的，也不利于项目的重新造势。

一室内装修

一这是一所无上荣光的居所，是身份与地位的象征

海客瀛洲的目标客户是什么？作为滨江豪宅这一种高端项目，它的客户群相对比较狭窄，其客户具有比较强的针对性，大众媒体的宣传对于本案的大户型销售效果相对有限，这个时候，潜销和社会营销的作用就能够凸现出来。鉴于项目的豪宅定位，锁定目标客户群，搭建本地、外地等各种层面的营销渠道，才能实现项目快速销售。

构建多条营销渠道，是海客瀛洲重现生机的又一亮点。

高端产品的客户，容易形成一个圈层。他们具有固定的交际圈，只要其中的一个客户认可了本产品，那么就会在他的生活圈或生意圈内进行传播。因而，找出其中的一位具有影响力的客户，然后在他的圈层里进行传播，就能带来更多的购房者。这就是流行的“羊群效应”。

工作团队利用原有老客户资源，到诸如GOLF球场及GOLF会所、高档汽车4S店、健身美容中心、金融行业、通信行业等大客户聚集区，

↓ 在城市的高空，总会有故事。柯布西耶的马赛公寓屋顶，给人提供了无穷的想象力

以及各郊区巡展，大力推广海客瀛洲。另外，采取异地客户渠道销售推广作为补充。在上海、北京，利用重庆信义工作团队全国连锁门店的客户资源进行营销，并在上海、北京、温州等地有影响力的媒体（如《新民晚报》及《上海壹周》等）发布项目信息。

不断的信息轰炸，在高端人群中激起了不少水花。福建、台湾、深圳、浙江等外地客纷纷飞往重庆看房。一位福建老板站在海客瀛洲样板房的开敞式阳台上放眼长江对岸的南山时，发出这样的感慨：不是长篇累牍的信息轰炸，很有可能就错过了风水如此之好的江景房。

另外，工作团队采取登门拜访的形式，对朝天门市场的潜在客户进行深度挖掘，最后以蓄客和潜销结合的方式，推动了冬眠已久的客户营销推广计划。

就这样，一张张通往海客瀛洲最后的“船票”，被视为收藏珍品。

附件：项目基础资料

项目地址：

重庆渝中区朝天门交通广场旁

占地面积：

19 800 平方米

总建筑面积：

280 000 平方米

户型面积：

37～560 平方米 / 户

总户数：

1 500 户

容积率：

7

建筑形态：

超高层（52 层、西部第一高楼）

报媒

高雅的室内装修彰显生活品质

缔造城市花园洋房

——融侨半岛·左海湾

左海湾，为融侨半岛第三期项目，拥有半岛超过三分之一的土地资源，最长、最美的江景、城市景观资源，地块内部高低起伏，并有人工湖相伴，用皇冠上的宝石来形容这块土地的价值并不为过，然而，面对整个半岛以中端定位的思路，林立的高层，项目是延续稳定的发展策略，还是通过转变产品提升价值，重塑品牌。

面对这个困惑，一种新的思路，"做城市洋房"被提了出来。对于重庆，这是一个难得的机遇，花园洋房经历了数年的高峰期之后，正处在胶着、转型的缓冲期，需要全新的花园洋房产品来冲击市场，而花园洋房进入融侨半岛，也将为半岛带来全新的项目形象，拉动半岛品质感。

创新是花园洋房永远的话题，回归城市成为花园洋房又一潮流，抓住潮流，塑造产品，成就品牌

——重庆花园洋房市场动向

重庆市花园洋房大体经历过三次发展历程，每一次发展，都伴随着全新的产品形象的出现，成就了一个企业的品牌。而现在，第三次浪潮已经来临，在这一次浪潮里，洋房回归城市。

起源

重庆最早打出花园洋房旗号的是在水一方和水天花园。不过当初是 3 年前，作为一个新鲜事物，那时人们对花园洋房的理解，只限于 6 层以下且带有入室花园的房子。然后，经济的发展分化出一批相对富有的人群，少数有实力的开发商也开始尝试着涉足花园洋房，但并未形成真正意义上的市场。

发展

直到 2003 年 8 月，重庆本地企业金科集团做出大胆尝试，在天籁城的中华坊旁边，推出了花园洋房——天籁城美社，以“退、错、露、院”全新形态和每单元 6 ～ 8 户的低密度设置，不仅创造了北部新区的销售神话，而且彻底颠覆了传统花园洋房的概念。作为金科的第一代花园洋房，美社的产品形态逐渐成为人们评判花园洋房是否纯粹的一个重要标志，并具有为重庆花园洋房“正名”的意义。随后，重庆的花园洋房风生水起，更多的开发商陆续进军花园洋房，把中产阶级作为花园洋房目标客户的定位也逐渐明晰。

创新

← 具有异国风情的花园洋房

← 大面积的退台设计让人们有更多的机会和阳光亲密接触

花园洋房的黄金季节始自 2004 年，这一年各花园洋房项目相继出世，如雨后春笋般茁壮成长，同时产品也在迅速升级中。2004 年 3 月，金科推出其第二代花园洋房——天籁城•紫园，将建筑布局进一步升华为“双流向设计”，加宽楼间距，并将退台退得更彻底，从而增大了露台面积。同年 9 月，金科又在金开大道推出了其第三代花园洋房天湖美镇。每层户型均为错层或跃层设计且做到各层的户型各不相同，均带有花园或大露台。同时，与第一、二代洋房比较，天湖美镇在户型的提升表现在底层花园面积更大，“一步阳台”的设计等等。2004 年年底，东原地产推出其拳头产品——中央美地，该项目聘请世界顶级设计师担纲设计，温馨浪漫英伦风情首开文化牌先河，奇妙地融水景、园林、生态、峡谷于一体，把景观做到了一个新的高度。另外，高级石材、别墅用 PVC 外墙挂板等高级用材的运用更显示出其尊贵的一面，已然成为花园洋房的全新标杆。

成熟

2006 年迎来花园洋房的快速发展期期间，龙湖旗帜鲜明提出了“在弗莱明戈之前，花园洋房平淡无奇”的口号，人们第一次在弗莱明戈身上看到了原来花园洋房也可以做得极致，底层和顶层已经出现了别墅的感觉，空间变化再一次成为人们关注的焦点，成为重庆花园洋房发展史上最浓重的一笔。

回归

2007 龙湖大城小院的出现正式拉开了都市洋房的序幕，紧接着同创高原，国宾上院等都市型花园洋房也先后走进人们的视野，而最成功的无疑是龙湖大城小院，其空间的灵动性以及对面积的控制，整体品质的打造都受到了市场的认可，也取得了销售的成功。

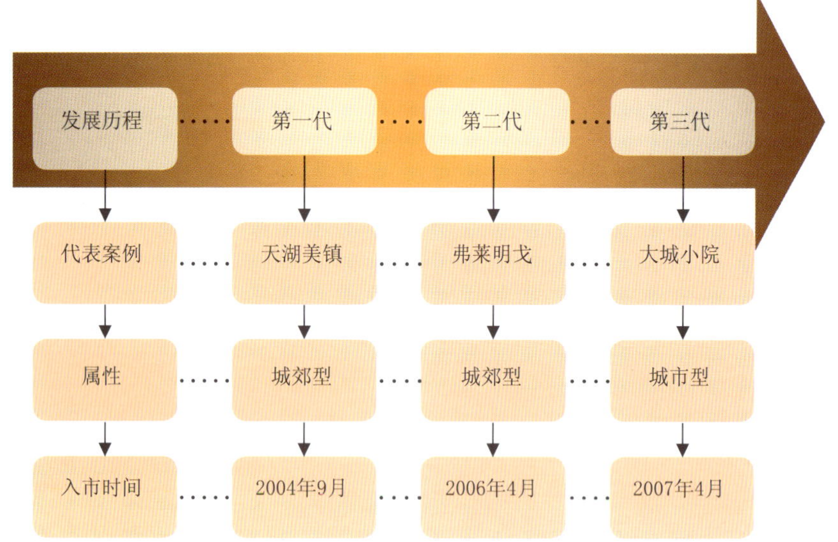

预见浪潮来临的融侨，是乘风破浪弄潮，还是屹立岸边守望

——项目服务背景

融侨，为最早进入重庆市场的外地企业，重庆房地产市场领军企业之一，2001 年，即大手笔拿下南岸区 3 000 亩项目——融侨半岛，以造城的姿态高调进入重庆市场，一时间，重庆楼市高呼狼来了，品牌企业竞相拿下千亩大盘，力图在规模上与之抗衡。融侨，为重庆房地产市场打开资本运作之门。

2006 年，半岛之城已悄然成形，标志性螺旋通道，滨江道路，引入知名学校，提供温泉入户，上万居民，融侨已在重庆立足，冥冥中，一种困惑，一场机遇，摆在融侨集团决策者面前。

左海湾，为融侨半岛第三期项目，拥有半岛超过三分之一的土地资源，最长、最美的江景、城市景观资源，地块内部高低起伏，并有人工湖相伴，用皇冠上的宝石来形容这块土地的价值并不为过，然而，

面对整个半岛以中端定位的思路，林立的高层，项目是继续稳定的发展，还是通过转变产品提升价值，重塑品牌。

面对这个困惑，一种新的思路，“做城市洋房”被提了出来。对于重庆，这是一个难得的机遇，花园洋房经历了数年的高峰期之后，正处在胶着、转型的缓冲期，需要全新的花园洋房产品来冲击市场，而花园洋房进入融侨半岛，也将为半岛带来全新的项目形象，拉动半岛品质感。

面对发展契机，融侨决策者看到了未来发展方向，但限于对重庆市场的不确定，对全新产品的风险担心，决策者们希望知道，城市型花园洋房到底有多少市场容量，南岸区又能在其中分到多少份额，这种花园洋房都是哪些群体在消费，他们关注哪些因素，对产品细节的要求是什么，能够接受什么样的价格，项目优势，景观、名校、温泉、内湖对消费群体有多大的吸引度。

最终，问题归结到两个方面：

到底有没有城市花园洋房的市场空间？这个空间对于融侨来说到底有多大？

融侨的城市花园洋房能做到什么价格？影响这个价格的因素有哪些？

谈谈融侨的企业背景

融侨集团是东南亚知名的林氏集团以港资形式在华投资的专业地产集团，创建于1989年，是一家以房地产开发为核心业务，集房地产开发、物业管理、温矿泉开发、商业、教育、酒店、餐饮等为一体的大型外商投资企业集团，拥有国家一级房地产开发企业资质和国家一级物业管理资质。以福州、重庆两地为基地。2001年，融侨作出了在渝发展的决策，总投资额逾100亿人民币。

企业愿景是要打造重庆未来最美的生活中心，预计2007年开发100万平方米，销售15亿元。融侨最初名噪一时是因为融侨半岛是重庆第一个 3 000 亩超级大盘，如今，融侨半岛由当初的“最大”逐渐变成成熟的都市大盘形象。融侨要想实现企业做大做强，除了在产品创新、适应市场、保证质量的前提下，充分发挥土地储备优势，还必须走出一条多项目同步开发的道路，因此，花园洋房的开发，迫在眉睫。

谈谈融侨半岛的现状

融侨半岛项目是在重庆长江电工厂原址的基础上整合周边零星地块而成，总用地 3 000 余亩，是重庆第一个占地逾千亩的单宗房地产开发项目，开辟了重庆的大盘时代。 融侨半岛规划总面积逾 350 万平方米，分风临洲、云满庭、左海湾等 3 个百万平方米的住宅组团进行开发。

融侨半岛项目规划分为 4 期开发，1 期风临洲 2003 年 10 月入市，组团以多层为主，主力户型以舒适型的三、四居室为主，套内面积 100 ～ 120 平方米为主。经过 2 年的准备，以高层住宅为主 2 期云满庭组团在 2005 年 1 月入市，主力户型以舒适型的三、四居室为主，套内面积 100 ～ 140 平方米为主，兼有部分 70 ～ 90 平方米两居室。融侨半岛前面几期开发的项目都是以舒适型的小高层和高层为主，虽然户型面积种类比较广，但产品结构上稍显单一，如果对高品质的花园洋房进行开发，将很好地解决产品单一的问题，产品的单价也会得到不小的提升，整个融侨的产品也开始向多元化发展，对于提升融侨在重庆地产的竞争力会起到一定的作用。

让市场说话

——合作基础和立业服务原则

面对机遇与困惑，融侨分初步论证、策划论证两个阶段进行项目发展研究，立业承担第一阶段目标客户研究，第二阶段全程研究及项目策划工作。

让市场说话，是立业的一贯思路，也是拿到这次合作机会后的第一考虑，机遇始终存在，关键在于对项目入市点，市场接受程度的判断，产品可以超前，但决不能脱离市场。

项目到底做 10 万平方米还是 40 万平方米，价格能否突破当时花园洋房的瓶颈，达到 6 000 元 / 平方米的水平。为此，立业提出了一套完整方案。

第一阶段，寻找市场空间

寻找市场空间有两重含义，一是判断区域洋房产品的市场容量，二是在此地域消费洋房产品的消费者特征，特别是来源与引导性因素。

为此，经过与委托方的多次讨论，我们确定了三条线调研的方案，一条线，高层住宅需求者，判断此类物业在中高端住宅需求的容量，及其价格承受度；第二条线，洋房住宅需求者，同样判断其容量及价格承受度；第三条线，融侨业主，判断其对融侨半岛未来走势的期望，以及其对品牌的忠诚度。由此综合判断各分类物业可能的市场容量，在风险可控的情况下，高层与洋房的收益率，以及融侨品牌对市场的影响力。

中高端人群住宅消费需求研究思路

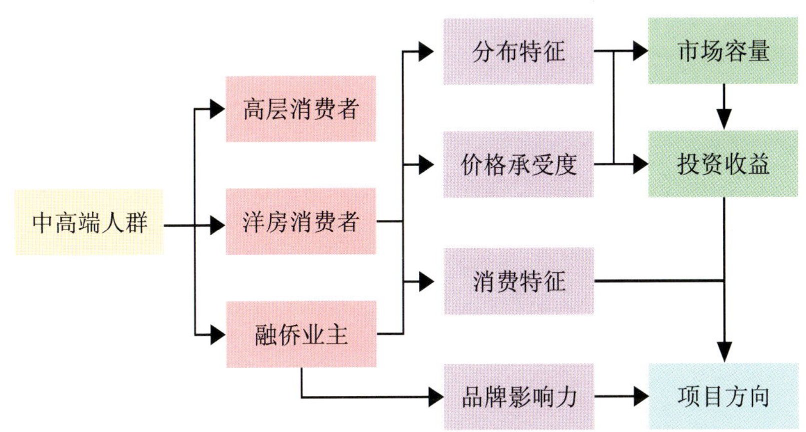

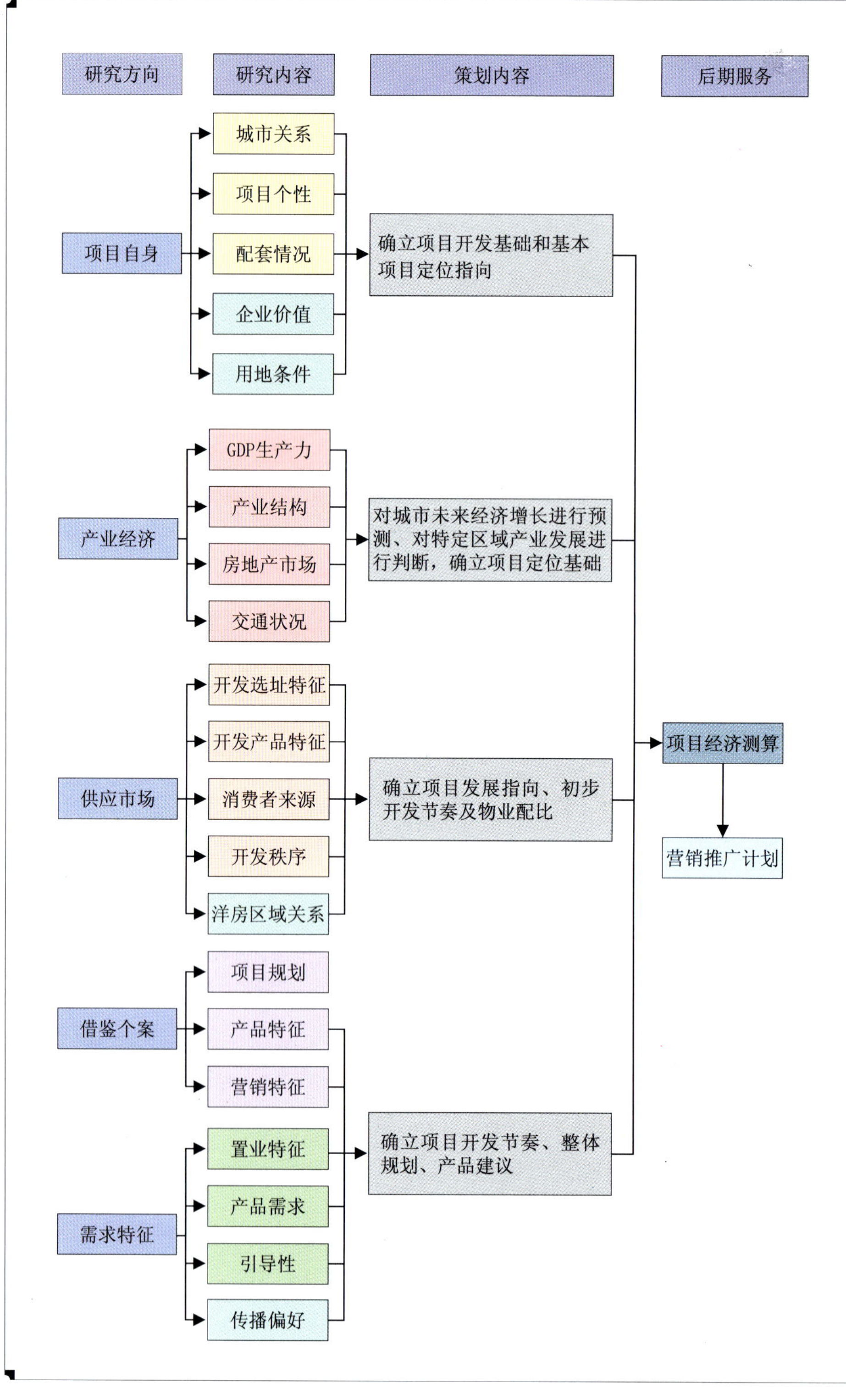
研究方向
研究内容
策划内容
后期服务
城市关系
项目个性
项目自身
配套情况
企业价值
用地条件
确立项目开发基础和基本项目定位指向
GDP生产力
产业结构
产业经济
房地产市场
交通状况
对城市未来经济增长进行预测、对特定区域产业发展进行判断，确立项目定位基础
开发选址特征
开发产品特征
供应市场
消费者来源
开发秩序
洋房区域关系
确立项目发展指向、初步开发节奏及物业配比
项目经济测算
营销推广计划
项目规划
借鉴个案
产品特征
营销特征
置业特征
确立项目开发节奏、整体规划、产品建议
产品需求
需求特征
引导性
传播偏好

第二阶段，论证市场空间细化体量，验证项目经济性，并为项目提供创新方向

对项目的详细论证，需要对市场的综合考虑，包括对自身价值的估量，对宏观环境的判断，对竞争对手的把握等，因此，在常规思路中，加入了企业价值判断、用地条件分析、洋房与城市板块关系、消费者传播模式等研究。

听见声音容易，判断方向难，把握容量更难

——花园洋房市场容量判断

本次研究工作的重点是把握未知市场的风险问题，市场容量则又是此项判断中的一个重点指标，通过相对准确的判断市场容量的大小，以及未来市场供应容量，在综合企业品牌影响力、产品特征等因素之后，可获得项目入市阶段的市场缺口，其缺口与项目体量将决定项目入市的市场压力。

根据项目研究阶段所得数据，我们提出了 2 种相应的推导模型，

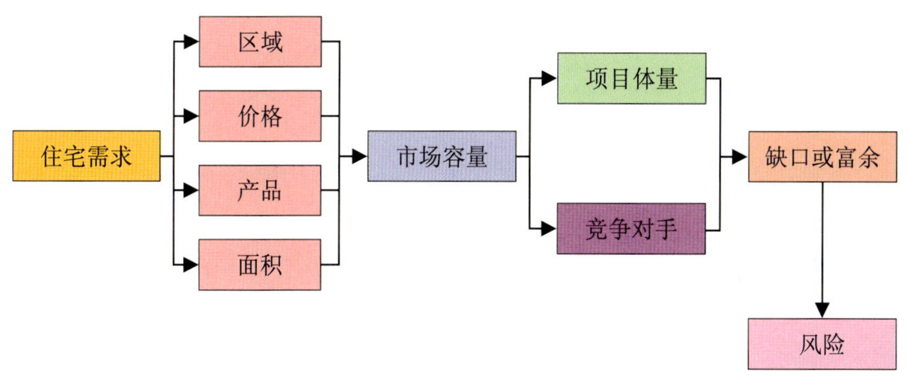

期望能全面地把握影响市场容量的因素，尽可能准确地判断未来发展趋势。

第一阶段的数据，主要来源于宏观统计数据以及消费需求抽样。首先根据 2006 年房交会住宅需求调查所获取的消费者背景特征进行分组，得到不同区域、年龄、收入的人口比例，利用此比例将宏观数据中城镇人口进行划分，形成以消费者背景为判别依据的人口数量，再进一步界定中高端住宅消费人群以及其对项目的接受度，最终获得项目可能容量以及通过人口发展趋势所得到的未来市场容量预测。(图 1)

第二阶段则有更多的市场数据可以利用，包括市场供应体量、不同类型物业供应分布、市场成交数据等，特别是模糊化理解区域房地产市场有效需求的重要指标：成交数据，它能够将消费者背景、区域偏好、产品偏好、价格承受力等相关性因素模糊化，笼统但是真实的反映出市场可能份额，将此指标与近年市场供应数据、抽样需求特征进行细化和比较，判断项目在区域市场花园洋房产品空间中可获份额。(图 2)

第一阶段　总量需求面积推导原理

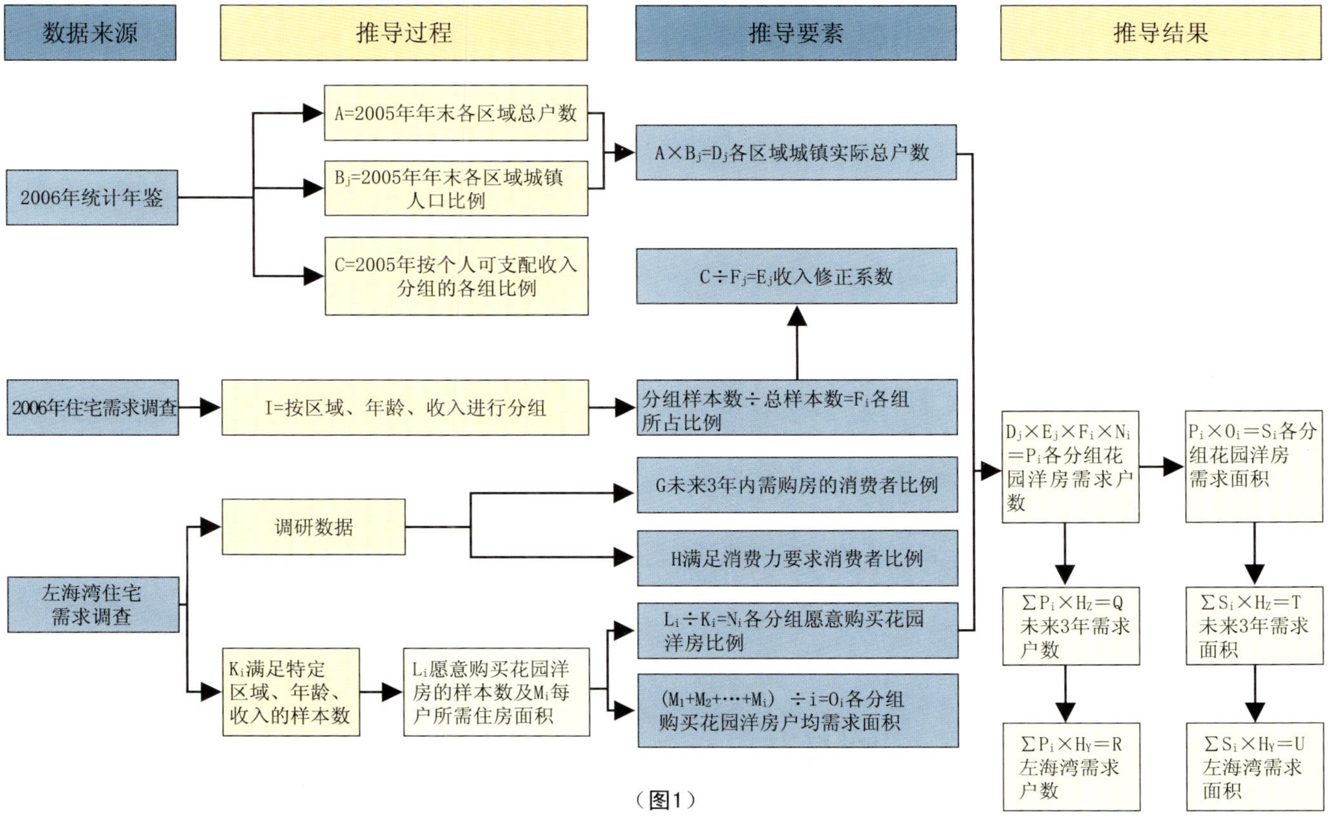

（图1）

第二阶段　南岸区洋房市场空间判断

①利用成交数据，获得区域市场有效需求体量

寻找融侨洋房市场空间

市场蛋糕

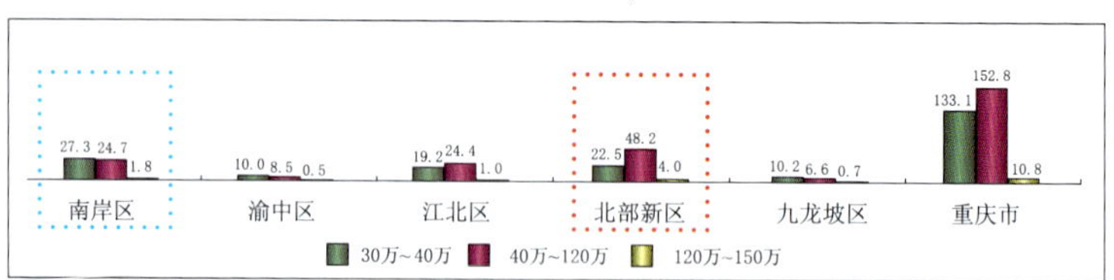

数据来源：网上房地产即时成交数据

餐厅的思考

花园洋房如何挤占类别墅、多层的市场空间
南岸区中高端物业如何挤占北部新区的市场空间

②根据近年新入市项目物业类型分布以及物业类型需求特征，判断花园洋房在区域市场所占供需比重

寻找融侨洋房市场空间

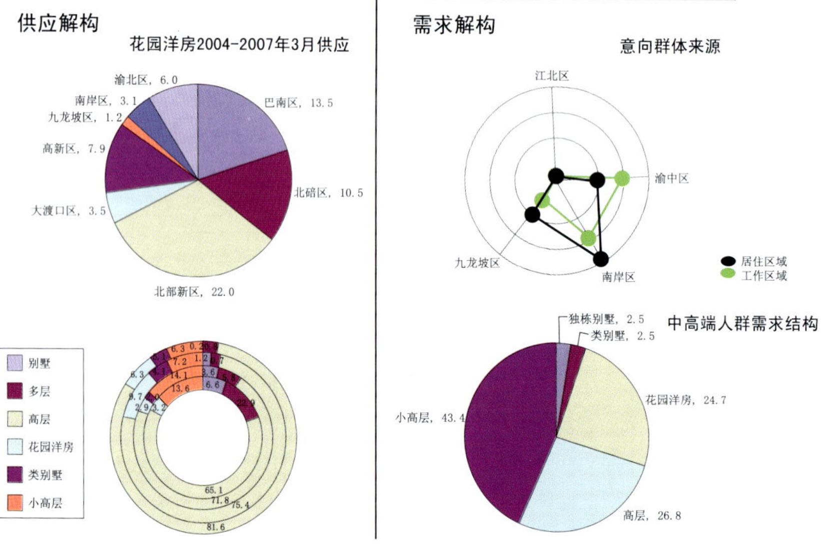

（图2）

③利用借鉴个案判断个体项目消化速度

寻找融侨洋房市场空间

个人借鉴

项目名称	属性	楼盘均价	入市时间	总套数	销售套数	销售周期	销售率
龙湖大城小院	城市型	5 000	2007-4-15	256	200多套	10天	85%
龙湖好望山	郊区型	4 700	2006-9-16	690	450	7个月	65%
金科东方王榭	郊区型	4 800	2006-12-24	840	500余套	4个月	60%
同景国际	郊区型	3 100	2006-12-13	480	408	5个月	85%

抽样项目：2006 年 9 月—2007 年 4 月累计销售约 1 500 套、约 24 万平方米、按照品牌企业占 60% 市场份额估算，2007 年雨季市场消化量约 40 万平方米。

④将市场有效需求，通过供需比例分割，再通过个案去化速度进行修正，获得项目当前及未来市场空间

寻找融侨洋房市场空间

供需牵引力

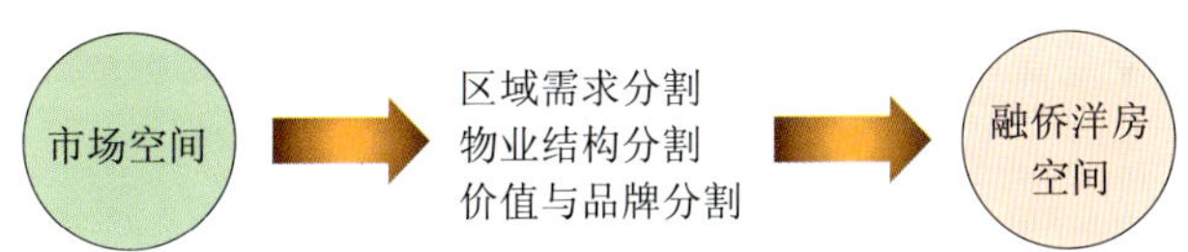

	2006年	2007年	2008年	2009年
南岸区	26.5	29.1	32.1	35.3
渝中区	1.8	2.0	2.2	2.4
江北区	3.2	3.5	3.9	4.3
北部新区	3.3	3.6	4.0	4.4
九龙坡区	1.4	1.5	1.7	1.9
总南岸区市场空间	36.2	39.8	43.8	48.2
花园洋房市场空间	12.7	13.9	15.3	16.9

认清自我，扎实根基，重塑价值

——项目价值梳理

研究的另外一个重点是进行项目的价值判断，在这里，我们利用类比、归类等方式建立模型，将项目的相关因素价值化，找到可利用、可改善、需规避的部分，以便于审视项目价格支撑点。这个过程可以用四个步骤来概括：

第一步，评判

将项目的区位价值、开发品牌、销售单价、社区规模、配套功能、景观资源、物业管理、产品创新、生活概念、数量稀缺等因素与同类项目进行比较，用量化的方式，将对项目的感性判断，用曲线图的形式体现出来，可以直观的找到，项目所突出的价值基础，以及主要欠缺因素。

发现融侨洋房的核心价值

花园洋房价值曲线

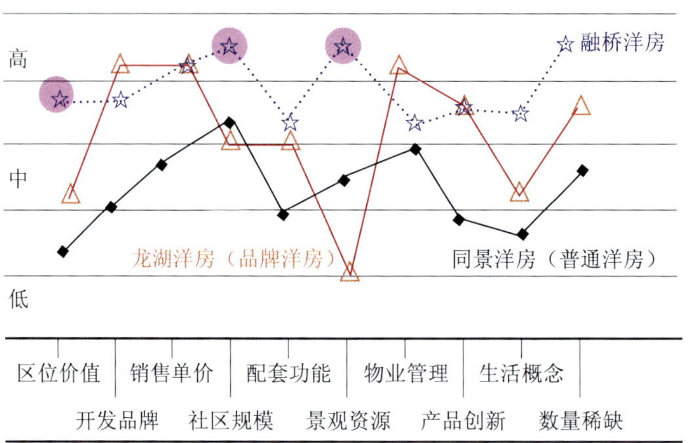

第二步，归类

将项目三大主要突出点：区域、社区、景观等优势中的细化点，按照需要改善、可引导、需规避、重点突出等四个方向，进行归类，以确定对资源是规避、引导、还是利用。

差异点下的价值梳理

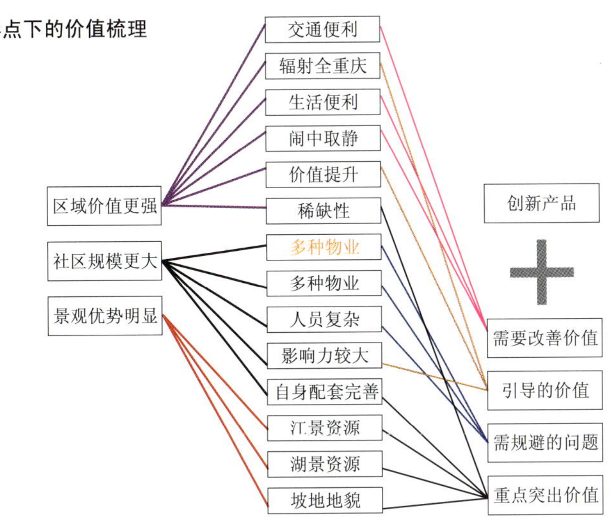

第三步，提炼

在可利用的价值点上，进一步归纳出项目关键字，在这里，我们发现项目的价值支撑来源于其所处的城市地位、包括江景／湖景在内的多元景观资源、内部利于构造情趣感的起伏坡地、融侨的洋房产品。

优势价值的提炼

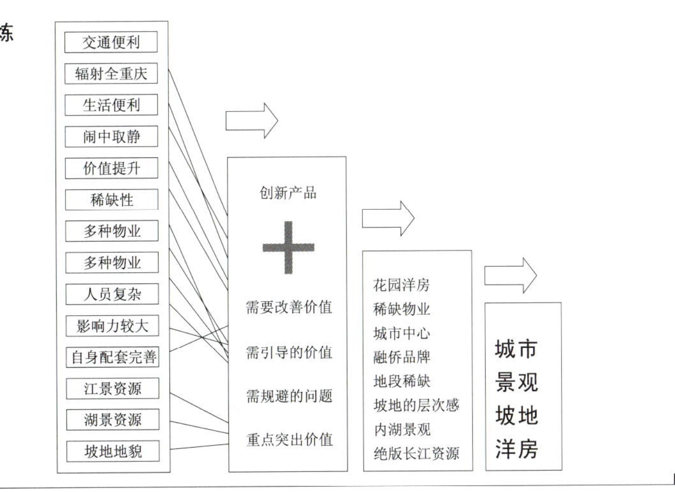

第四步，重塑

由此，明确的价值加上对项目营销思考，一个贴近市场的项目定位方向得出，我们要做长江边上的城市坡地洋房，用都市洋房生活方式，将消费价值注入一种稀缺产品

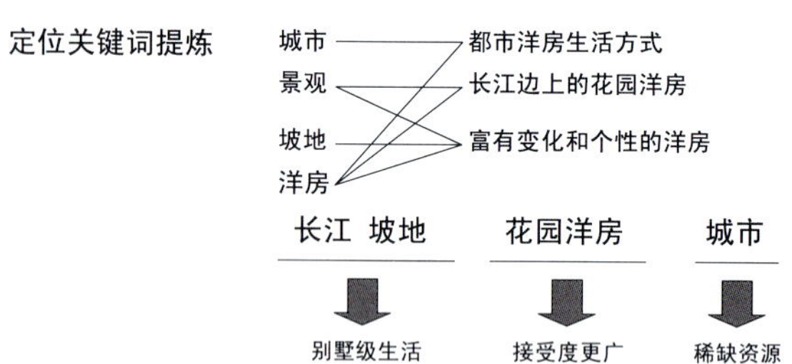

思绪闪耀，不要让创意停留

——项目亮点构造过程

整个项目的服务终点，在于产品的塑造，因涉及项目保密要求，在此仅作简要描述。但是，创意切不可停留，重庆花园洋房，将如何走向，融侨能为我们带来什么，与大家一起期待，让我们再次回顾本案所提炼的亮点：

奇／绝／稀——沿江地段，打造稀缺性产品。

越不繁，越不凡——用简洁的方式，演绎生活型物业。

过渡空间——强调生活的情趣性，社区生活的邻里性。

舒适／经济／市场三元平衡——在产品舒适，获取回报和消化周期上寻找平衡。

附件：项目基础资料

项目名称：
融侨半岛云满庭

项目地址：
南岸区明佳路 33 号

占地面积：
58 700 平方米

总建筑面积：
242 300 平方米

户型面积：
67 ～ 154 平方米 / 户

总户数：
1 870 户

容积率：
4.13

建筑形态：
高层

项目名称：
融侨半岛风临洲

项目地址：
南岸区明佳路 33 号

占地面积：
323 000 平方米

总建筑面积：
490 000 平方米

户型面积：
102 ～ 150 平方米 / 户

总户数：
3 750 户

容积率：
1.52

绿地率：
60%

建筑形态：
高层

CORATION
LE CAGIBI

一个地产项目的非地产性

——北城国际中心

“问题的解决不在问题的本身，对地产营销而言，这一点也是十分适用”当这句话从北城国际中心项目营销团队传递出来的时候，的确让人摸不着头脑，但的确表达的是北城国际中心项目营销过程中的真实感受。

当多数地产顾问公司还在执著于项目策划本身，并为之焦灼难安之时，北城国际中心项目的营销策划团队却已经充分显露了他们未来的营销方向，或营销模式——从项目的躯壳里悄然脱身、同时也跳出了项目的地域限制，站到城市之上甚至更高的角度来进行系列的策划。落脚到“北城国际中心”项目之上，他们的野心与目标已经趋于明朗——建立在城市运营的建筑使命之上，“关注城市、政企互动、着眼未来、借助环境、建立地标”，以需求为中心、以市场为导向来推断项目可能的发展方向。

一个营销策划团队的焦虑

作为有十多年的房地产营销经历的资深策划团队，他们曾成功地实施了许多地产项目的策划及营销。当他们接到北城这个项目时，内心却增添了一层压力。这种压力仿佛是双重的。表面上，压力来自项目，而更多的却来源于对自身经验的审视——好的策划人，究竟需要做些什么？多年的工作使他对自己的案子具有天然的使命感——他的愿望很迫切，但项目本身却因为多种局限性，他一直踌躇着，无法真正决定对项目的设计。

人们都知道，同样的材料，交给不同的设计师，制造出来的产品一定是不一样的。策划同样如此。西方的经济学认为，商品的价值取决于商品的 Utility。所谓 Utility，是指商品的服务带给人们的效用，或曰好处。这个效用的评价标准是一个主观的概念：同一商品在不同的消费者看来有不同效用，所以，商品的价值是很主观的东西，因此产生了西方经济学的市场营销概念。营销的目的就是要影响消费者的价值认同，使之心甘情愿地付出更多的成本购买某一品牌的商品，而不是具有同性质的其他品牌。

这正是营销团队的焦虑。

或者说，手头的这个项目仅仅只是一个“火点”。事实上，他的焦虑并不是偶然爆发的，而是一种缓慢地沉淀的过程，这发生在他多年的策划人生涯里，当他面对项目的时候，猛然意识到：过多依赖经验，对一个策划者来说也许反而是一种无形的阻隔。

这个团队不断试着审视自己的策划生涯：长久以来，以前的策划过多局限于项目本身，而没有跳出来看待项目。“主要都是看地块、地位高差、资源情况、市场竞争态势、消费者需求特征……回头来看，这些研究的方面都是很局限的。”

所以，项目及团队面临了创新的迫切和焦虑。

“在一片陈旧但有差异的土地上，如何创造消费价值和生活期许——这是营销工作的基本使命。然而，对于本次北城项目的营销策划，我们还有更高的战略愿景。”结合对过往的案例分析以及项目自有因素的了解，营销团队得出这样结论，“居于城市核心，毗邻几大板块，面对纷繁复杂的市场，结合项目业主单位‘北城致远集团’的企业战略，每一个策划人和策划机构都会有这样的自我审视，我们既有成就一个奇迹的冲动，也有一种如履薄冰的谨慎。”

他们不得不去问自己——“怎么去打破？”

做房地产策划不能画地为牢

营销策划需要和项目有最亲密的接触，从这个意义上讲，距离不会产生美，在零距离接触瞬间才可能产生最具执行力的营销力量。作为营销专案负责人，团队再一次到项目所在地深入考察——地处新旧更迭期的龙溪板块。老龙溪是重庆较早的一个生活板块。项目地块周边具有遗留的工业属性，在交通方面也因公共交通不足的过道属性，使得地块目前尚缺乏开发热点，在消费市场中的板块价值感不高。

他们沿着项目红线默默地行走。项目西侧被盘溪河环绕，地块呈现“半岛”状，具备良好的滨水资源可以利用——规划中的盘溪公园也将于2008年修建完成——可充分利用盘溪河滨水景观资源对项目进行景观打造。但眼前的现状依然让他焦虑。

首先，项目周边生活配套目前尚不齐全，主要为中低档消费，没有中大型购物中心。新世纪超市和永辉超市为该片区主要的日常购物中心，但距离项目所在地超过500米，生活购物均受影响。

其次，项目北临城市主干道龙华路，与重庆客车厂隔街相望，南面与高尚居住社区“东和春天”、“耍坝”隔盘溪河相对，东面紧临“米兰天空”，西靠盘溪河公园。整体临街面较少，可展示与聚人气的属性较弱，商业的开发运作存在一定难度。

↓ 惬意步道，让回家脚步更显轻盈

三者，项目仅一面临街，周围被“米兰天空”和盘溪河围绕，地块显得较为孤立，而龙华路和松牌路两条快速干道的阻隔，使地块与周边项目的连接性和交互性阻断，人流的吸引和引入较为不便。

他在这片坡地上缓缓踱着步子，心里的焦虑更深，项目虽然拥有盘溪河较好的景观资源，但因地块沿河周边为坡地属性，存在近 10 米高差，以致亲水性不足，使项目的滨水资源无法价值最大化利用，对于商业的开发运作形成又一难度。

项目位于三北区域中龙溪、冉家坝和新牌坊几大板块的腹心，更与对面冉南板块一衣带水，尽管对面的商业很有特色，十分成熟，可惜，由于没有实际的连接带，等于是将这个潜在的优势隔绝。

这符合之前的评估定位——地块价值不高，周边配套缺乏，临街面较少，地块较孤立，亲水性不足。

眼前的环境突然让他觉得，以前仅仅是从房地产开发的角度去进行思维，而忽略了一个关键——“问题的解决不在问题本身，关键是周边的环境对它产生了什么样的影响。”这是管理大师德鲁克的名言，在营销上这些原则依然适用。

“项目的劣势显而易见，但是，周边的环境对项目产生了什么样的影响呢？”这是营销团队营销突破点上的思考，站在地块上，望河对岸，无形中有了一种居高临下的感受——或许突破点就在这里？看到的事物也许会不尽相同？这不正是对一个策划者的最高要求吗？如果没有全局观念以及开阔的视野，策划也许总是仅仅围绕着项目本身——这，就是问题的关键所在。

如果在城市的山巅上，那么，他眼底的项目所在地，正位于老龙溪板块的边缘位置，但从整个大龙溪板块来看，项目位于各组团的中心位置，周边组团正由分散向中心逐渐连接，本项目具备了成为区域中心的潜在属性。如果能接通河对岸，项目就会像棋盘正中间的一颗关键子儿，就能够顺畅地衔接楚河汉界了。要真能这样，那么项目就能拉通左侧的“东和春天”版块以及右侧的“长安版块”——他不禁想到一个武侠小说里很常见的词来：“任督”二脉。如果把这三者用项目连接起来，不就等于打通了这座城市的“任督”二脉？

突然而至的灵感让他异常兴奋。他马上拿出手机，给开发公司策划部负责人打去电话，劈头一句就是：“对面的山头，我们一定要占领！”开发商和营销机构在这一点上很快达成了默契。

打通城市“任督”二脉

提及这个营销案例的构想过程，营销团队这样阐述他们的思路：“一个项目，要站在城市商业的高度，要考虑它跟城市之间将会发生什么样的关系？当然，还要全面地了解城市里的商业变迁，详细了解它从点到线、再到面的过程。假如你站得高，就能找到与城市联系的方式。如果跳出龙溪地区看项目，它就不再是一个单纯的房产项目，而是跟“冉家坝”和“新牌坊”几大板块产生了非常紧密的联系。此外本项目西靠盘溪河公园，对面是一片创意区域中心，旁边的休闲商业正在出现——这些迹象说明什么？说明了城市商业变迁呼唤一个有辐射能力的项目！如果我们能用项目来连接这些板块，相当于打通整个城市北部的任督二脉，让几个板块都活了起来。”

至此，营销团队的构想已经表达得十分清晰。构建一条联系各区域的城市纽带。以项目为未来大龙溪板块的中心，连通重庆三北区域中龙溪、冉家坝和新牌坊几大板块，成为带动区域价值增长的重要城市枢纽。打通城市“任督”二脉，本项目将是未来区域的中心之地。

根据营销策划部的调查，项目所处三北区域拥有良好的区位优势，这几年随着城市基础设施的不断完善和市政府的战略规划，政府相关部门不断迁入，品牌发展商汇聚，房地产交易面积持续增长，使三北区域吸引了包括外地、国外的众多客户入住，市场跨越能力强。

项目所在的龙溪板块正大力发展现代服务业，推出“四城”纵深发展的概念，即高尚住宅城、汽车销售城、餐饮娱乐城和建材经营城，使其板块的经济结构日趋合理化，带动板块经济持续发展，为项目开

→法国 Grmaud 小镇，水与人的关系亲近而自然

发经营带来较大的机遇。另外，周边长安地块、财信地块以及祺山地块的未来入市将形成开放式街区，为项目带来合众联盟的集合优势，共同烘托区域价值的提升。

此外，项目地块分别紧邻城市主干道龙华路与松牌路，拥有较为完善的城市干道体系，便捷通达主城各区，未来立体交通管网具有较好的规划趋势。

尤其是项目开发商——北城致远集团拥有好的实力保证，为项目开发提供了极好的平台；同时，作为重庆市知名开发商，北城集团在三北区域拥有成功的开发案例和较丰富的开发经验，在区域市场具有很好的企业品牌影响。

而从时代背景来看，项目也面临极佳的机遇。从重庆市近年来房地产交易数据显示，销售面积与竣工面积供求总体上是平衡的，全市商品房销售面积逐年增长，市场需求逐渐旺盛。特别是北部新区的项

← 法国 Grmaud 小镇，建筑表面的多样性提供了丰富的视觉体验

目需求区域相对较广。另外，国家发展改革委员会正式批准重庆市为全国统筹城乡综合配套改革试验区，即中国第三个“特区”，也无疑是重庆房地产市场发展的利好消息。

如何营销系统价值体系

接下来，应该是项目的定位，这是开发伙伴的最期待事情，而且他们也在不断地推动着营销定位工作的进展。

营销团队在思路明晰之后，后续工作就水到渠成了，从城市运营角度出发，将项目属性解剖与企业愿景期许贯穿项目定位始终，提出3C模式，即中心性（Central）、复合化（Compositive）以及创意型（Creative），将企业使命、市场站位与产品竞争力贯穿于项目营销前期。针对项目相对封闭的地块属性，针对项目所处的中心地位，项目复合多元将创造的市场升值预期，特色性的商业将有望形成项目的市场差异点；充分利用滨水景观资源，打造滨水商业，将有望带动项目的投资经济和休闲经济，从而成就项目自身的独特个性特征。

所谓中心性（Central），是指北城项目选择的市场定位是以项目与城市的关联作为基点，以新城市中心的价值驱使作为期许。复合（Compositive）就是北城项目将自身规模优势结合市场需求最大化发挥，多元化的综合发展方向，使项目与城市中心的对接应运而生。至于创意型（Creative）——北城项目已不仅是一个地产作品，而是差异化的创造衍生，“人文半岛，创意之城”将成为这个城市最让人留恋的一个所在。

营销团队和同事们多次调研发现，区域内几大板块商业配套尚不完善，更缺乏区域典型消费中心。“城市综合体的开发已成为当前区域物业的需要。”因此，营销团队决定：以复合多元的综合规模拉动几大板块经济需求，形成区域未来新城市中心。

北城国际中心项目总建筑面积超过40万平方米，区域中其他项目体量多在10万平方米以下，与之相比，北城国际中心本身就具有较强的规模优势。因此，营销团队们考虑，项目可否由单一的居住功能向城市综合体方向发展？充分发挥产品复合，能量聚集功能，涵盖商业、商务、居住、投资等多元属性，打造一座新城。也就是说，项目所处的中心地段决定了项目城市综合体开发的方向，在项目功能中应集多种物业形态于一体，能满足消费者居住、商业购物、休闲娱乐、商务办公等多重需求，消费者所有生活相关的活动均可在项目内完成。

引入 Lifestyle 消费理念

Lifestyle 商业作为项目商业部分的主力产品，是北城项目产品链中最具创意属性的节点——充分利用半岛滨水资源，实现项目整体商业消费功能的差异化定位。

在21世纪来临之际，美国率先兴起了 Lifestyle Shopping Center 的开发热潮，随之，Lifestyle Shopping Center 席卷全球。据估计，这种增长趋势可能会一直延续到2008年。而在国内，随着中产阶级人群的壮大，促进了 Mall 商业地产的开发，但 Lifestyle Shopping Center 的开发还一直处于空白状态。随着国内外中高档品牌的稳定发展，新的消费观念随之形成，于是，Lifestyle Shopping Center 在中国也应运而生。

ICSC（国际购物中心协会）对 Lifestyle Shopping Center 的定义为："位于密度较高的住宅区域，迎合本商圈中消费顾客对零售的需求及对休闲方式的追求，具有露天开放及良好环境的特征。主要有高端的全国性连锁专卖店，或以时装为主的百货主力店，多业态集合，以休闲为目的，包括餐饮、娱乐、书店、影院等设施，通过环境、建筑及装饰的风格营造出别致的休闲消费场所。”

营销团队介绍：Lifestyle 购物中心是一种全新的商业地产模式，最创新的地方也就是将传统的消费模式向休闲的“生活方式”的倾斜和功能侧重。“Lifestyle Shopping Center 在本项目对商业的设想中应运而生，项目将以独特的商业优势、风格化的消费格局以及随性型的休闲方式，掀起 Lifestyle 在区域乃至全市范围内的发展浪潮。”

一 法国 Camargue 小镇：水与现代建筑的交融

特别是流光溢彩的餐饮娱乐区，占据了景观环境最为优美的盘溪河水岸，是项目商业最能体现 Lifestyle 休闲消费、业态互补、引发目的性与非目的性消费的重要区域。而依据 Lifestyle 商业优势规划的水岸坡地设计，既解决了困扰传统商业模式的客流引导问题，同时将坡地文化、水岸文化等多元休闲消费形式融入到消费者的消费体验中，增加了项目特有的 Lifestyle 商业体验。

究竟是不是地产项目？

毫无疑问，这个项目极有可能成为城市的点睛之笔。或者说，它一诞生就将成为城市里的一道文化新地标。

让我们再来欣赏这系列的运作：

构建一条联动区域的城市纽带。以项目为未来大龙溪板块的中心，连通三北区域中“龙溪”、“冉家坝”和“新牌坊”几大板块，成为带动区域价值成长的重要城市枢纽。

引领一种全城关注的城市精英生活期许。项目将以区域乃至全城内的新兴开发模式，创立新城市能量综合体，引领现代精英阶层对新城市生活的价值期许。

创造一个特色的水岸商业。独有的半岛滨水资源，赋予项目打造特色水岸商业的建筑灵感，引领项目对城市商业模式的重新发现。

引入以打造总部经济为特色的办公基地，同时为提升复合建筑群的整体品质感奠定价值基础。

树立一座星级酒店的城市坐标。星级酒店将配合写字楼、商业以及住宅作为项目整体的高端配套服务，并成为引领项目区域形象的重要城市坐标。

“关注城市、政企互动、着眼未来、借助环境、建立地标。”是这个项目的战略决策。“北城致远集团”没有拘泥于传统开发模式，“北城国际中心”奉献给这座城市的是另一种价值期许，描绘的是另一种生活蓝本。

“‘北城国际中心’究竟是不是一个地产项目？”这不但是营销策划团队关注的，也是开发商伙伴关注的问题，虽然回答可以是多个角度的，但有一点很清晰，那就是他不仅仅是房地产项目。

定义它为地产项目，这是最原初的物理属性。“但是，如果我们只停留于此而划地自限，囿于传统，那么我们将会失去发现项目最大价值的机会，因为‘北城国际中心’在北部城市化的进程中，已经不是以一个单独地产项目的姿态而存在，它已经成为这个城市肌体的重要组成，对于城市功能完善，它没有任何置身于外的理由。在城市化的过程中，它正在逐渐被枢纽化、媒介化、中心化，这种趋势让我们在地产战略构想的过程中，不得不去关注环境，关注城市，这是一种持续发展中的付出，但对于‘北城国际中心’项目而言，这种关注，这种高度，这种前瞻，这种付出之于营销，是一种‘求之于势，不责于人’的上上之策。”

附件：北城项目

Central 大龙溪中心消费领域

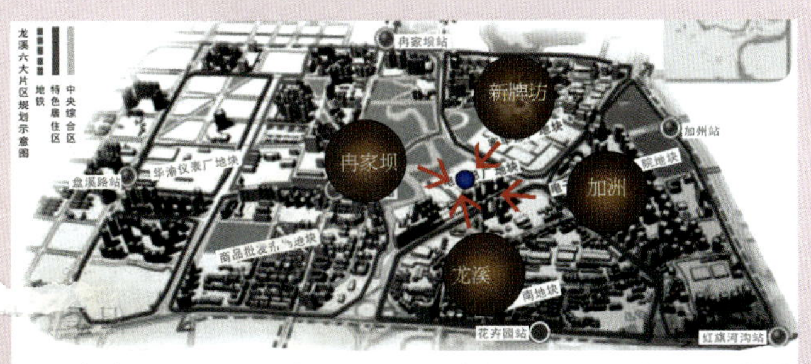

城市板块移动

渝北区经济\产业人口\发展

开放式街区规划

盘溪公园改造

2001—2006年重庆市及渝北区、江北区三大产业国内生产总值对比（亿元）

年 份	第一产业			第二产业			第三产业		
	重庆市	渝北区	江北区	重庆市	渝北区	江北区	重庆市	渝北区	江北区
2001	293.03	9.31	1.21	727.66	23.92	34.92	729.08	15.42	20.12
2002	315.78	9.81	1.21	827.55	28.76	44.67	827.97	17.99	22.88
2003	336.36	10.00	1.26	977.3	35.69	59.16	936.9	22.06	25.71
2004	423.7	11.53	1.55	1 181.24	57.19	63.21	1 060.45	26.37	30.17
2005	463.42	11.83	1.59	1 258.32	67.47	71.67	1 347.36	66.03	60.46
2006	428.54	12.66	2.1	1 500.07	92.22	71.8	1 557.59	78.23	77.5
年均增速	7.9%	6.3%	11.7%	15.6%	31.0%	15.5%	16.4%	38.4%	31.0%

数据来源：2002—2006 年统计年鉴

Compositive 建筑综合能量体　复合建筑群

板块行政/商务/居住/投资功能满足

复合建筑发展大势所驱

市场赢利

企业品牌塑造　经营升级

实力商家意向访问

城市综合体规模特征对照表

个案名称	占地面积/万m²	总建面/万m²	住宅面积/万m²	商业面积/万m²	写字楼面积/万m²	酒店面积/万m²
参考项目1	13	30	26.5	3.5	—	—
参考项目2	8.6	27.6	22.8	2.5	1.5	0.8
参考项目3	6.5	35	20.9	10.5	0	3.6
参考项目4	28	48	39	3	5.2	—
参考项目5	7.4	30	18	5	3	4
参考项目6	4.53	30	21	5	4	—
平均值	11.3	35.4	22.2	4.9	4.7	2.8

个案名称	住宅配比	商业配比	写字楼配比	酒店配比	合计
参考项目1	88.0	12.0	—	—	100
参考项目2	82.6	9.0	5.4	3.0	100
参考项目3	59.7	30.0	—	10.3	100
参考项目4	81.2	8.0	10.8	—	100
参考项目5	60.0	16.7	10.0	13.3	100
参考项目6	68.0	16.7	13.3	—	100
平均值	67.2	15.4	14.6	8.8	100

Creative 创意经济 传承与创造

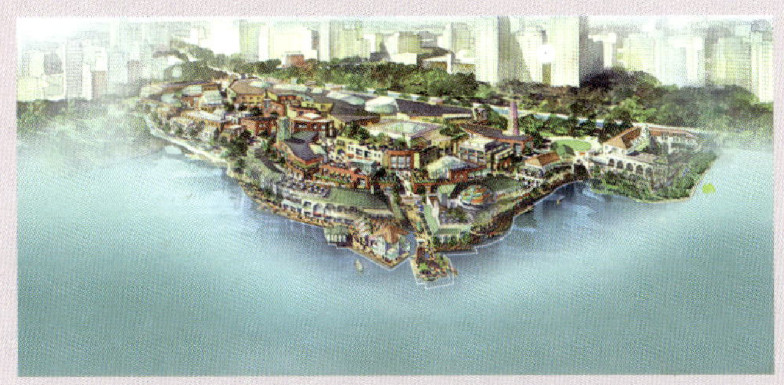

盘溪河休闲创意经济带

休闲时代　体验产业来临

中心化领域时尚生活

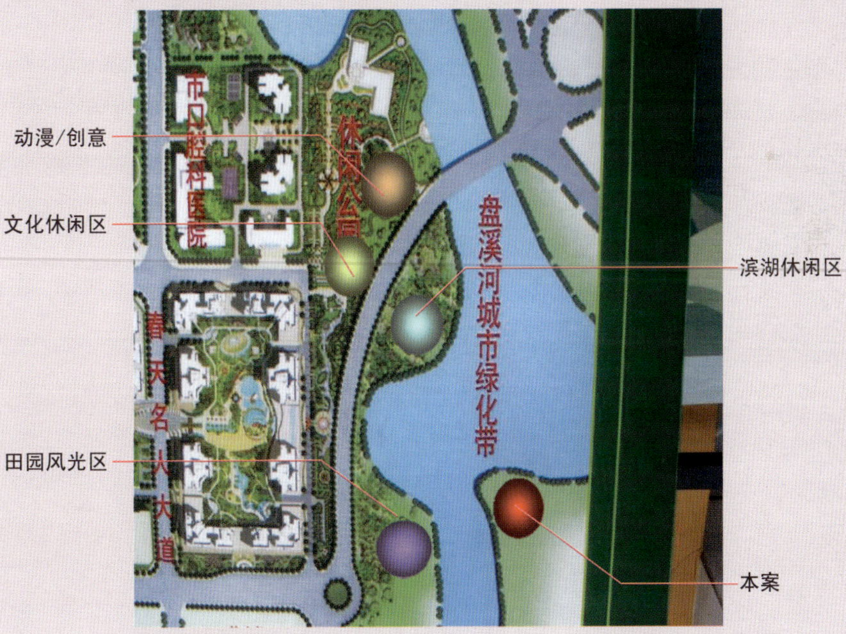
动漫/创意
文化休闲区
田园风光区
滨湖休闲区
本案
市口腔科医院
盘溪河城市绿化带
春天名人大道

Lifestyle 创意商业街

在 21 世纪来临之即，美国率先兴起了 Lifestyle 的开发热潮。据估计，这种增长趋势可能会一直延续到 2008 年，在这 4 年期间 Lifestyler 的增长将达到 20%。而在国内，随着中产阶级人群的壮大，促进了 Mall 商业地产的开发，这一业态在这些国家正进入高速开发的阶段。Lifestyler 的开发还一直处于空白。国内外中高档品牌租户稳定发展，新的消费观念呼之欲出，Lifestyle Shopping Center 的模式也被消费者所追宠。

人文街坊

关注人的现在与未来

对历史的传承　对新生活价值的创造

人文的 4 大精髓

关爱人：亲情／友情／交流

街坊邻居围合布局／花园平台／英语角／亲子乐园／社区网／历史的联系／网球场

服务人：科技居家／灰空间的创造／新生活模式“高层洋房”

发展人：双语幼儿园／中学／小学／国学馆／插花艺术

凝聚人：社区亲情游／体育竞技／摄影比赛

打通城市任督二脉

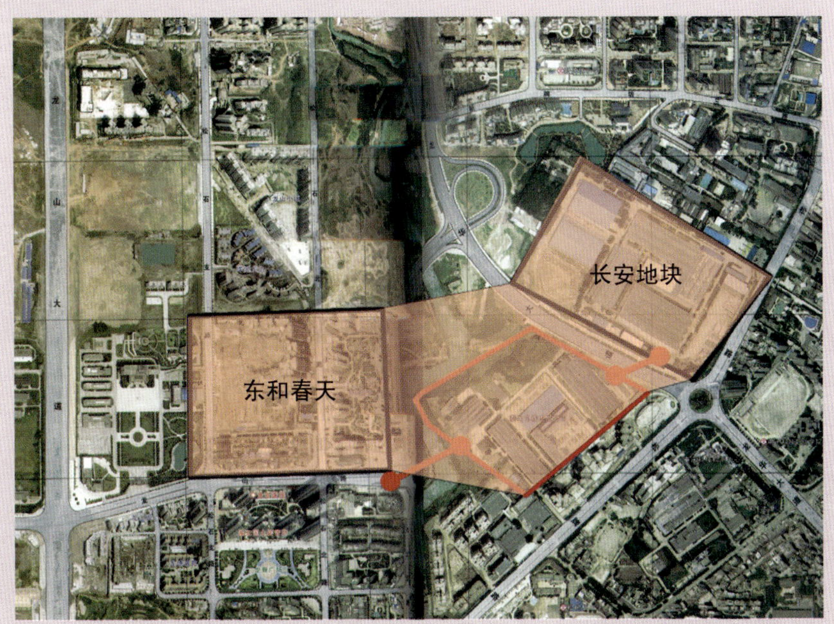

CASE1 创意之城 活色生香

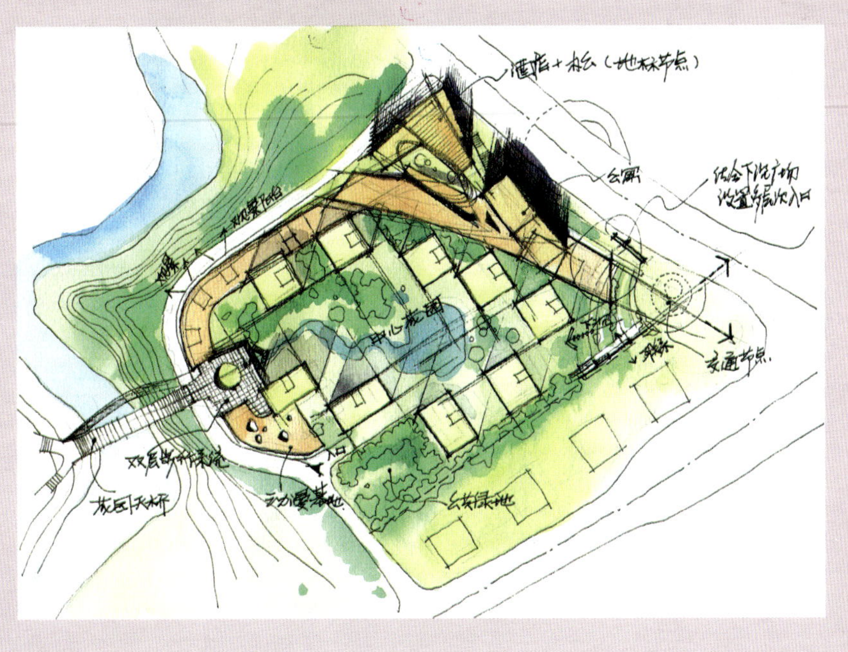

Lifestyle 商业街

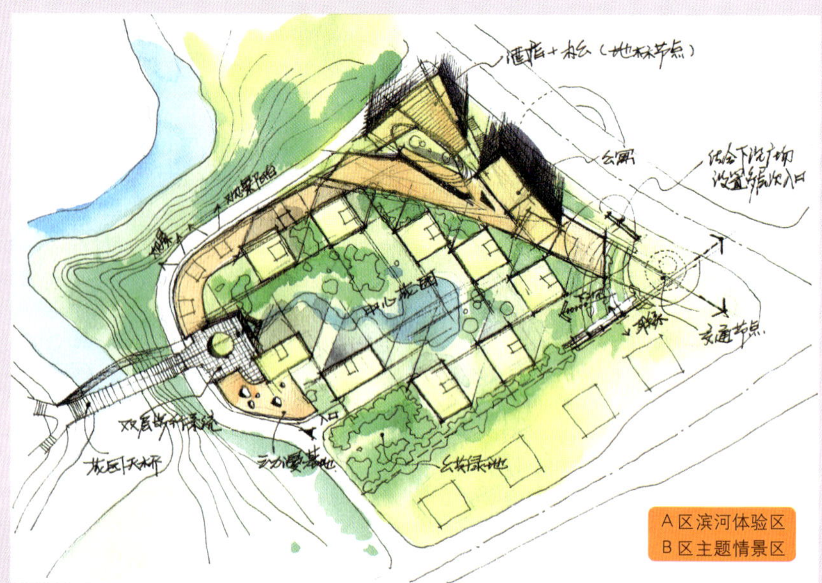

A 区花园天桥和立体滨江解决方案

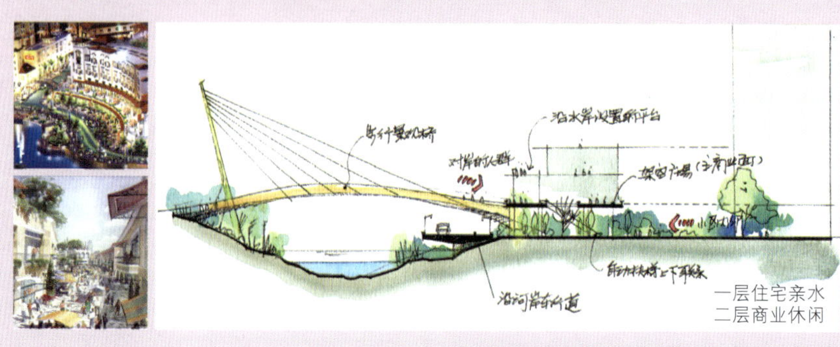

Lifestyle 商业街节点考虑

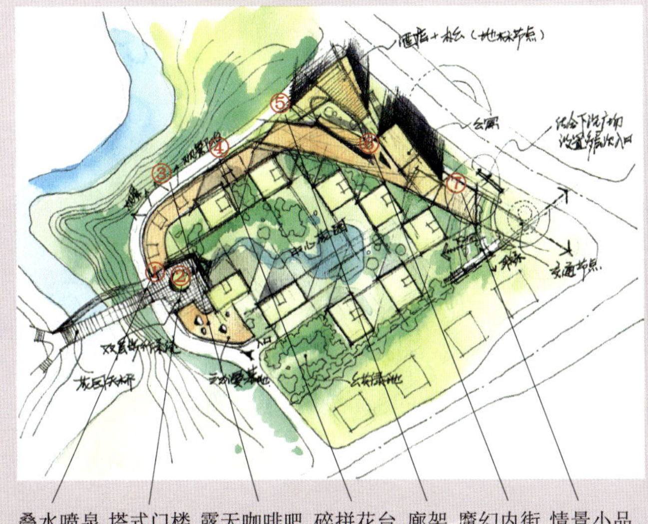

叠水喷泉 塔式门楼 露天咖啡吧 碎拼花台 廊架 魔幻内街 情景小品

人文关怀 街坊邻居

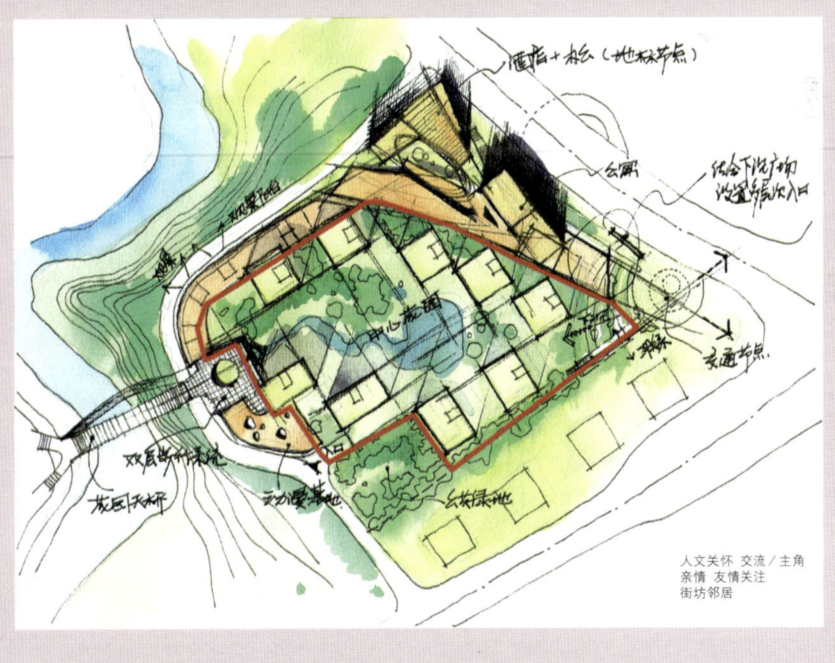

人文关怀 交流／主角
亲情 友情关注
街坊邻居

交通组织

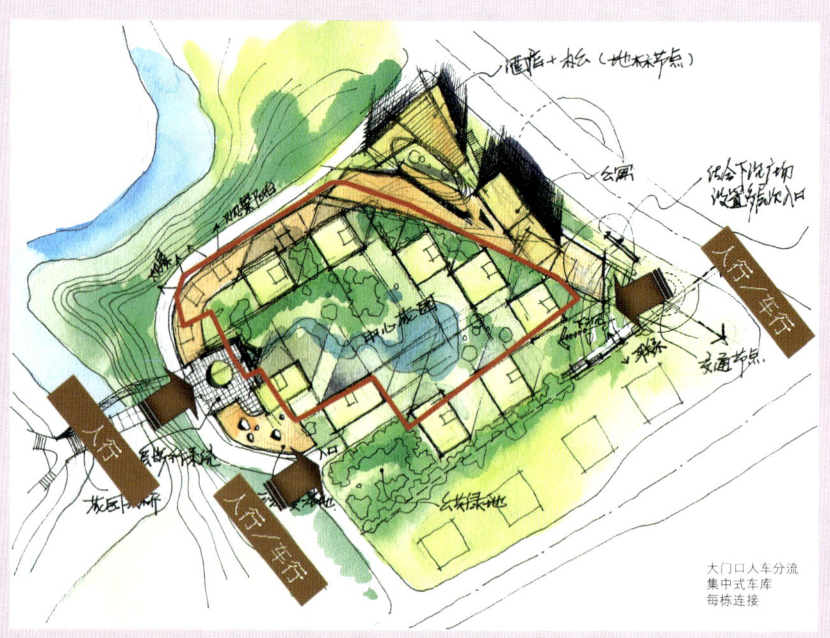

高层情景洋房

景观情调

灰空间创新

数字智能化

浪漫广场的浪漫战争

——朗晴广场

回首浪漫广场这个项目，如果要用一句话来总结这三年里难以忘怀的日日夜夜，我的脑海里首先闪现的就是"一场浪漫战争"，做一个地产项目不亚于美国打了一场伊拉克战争，而且这是一场大纵深，高技术，无国界背景下，海、陆、空多兵种联合，从战略谋局到内政外交，从心理攻势到内外开花、从高空轰炸到地面闪击、从占领目标到长治久安，营销的每个环节都闪烁着营销人智慧的火花。那为什么又感觉到浪漫呢？我自认为不是一个浪漫的人，不懂浪漫，但这 1 095 天对人生不同阶段该如何浪漫的研究解读，却让我们重新认识了浪漫，原来"浪漫就是一笔好生意"，从一个简单的词到成就一个商场，乃至引出重庆一个浪漫产业，一凭天时，重庆大发展的背景；二赖人谋，是营销观念改变了城市；创造出新的市场蓝海，用顾城的诗来说"是黑夜给了我明亮的眼睛，让我去寻找光明"最终让我们找到了"浪漫"这个光明的火种。

点评

地产行业的蓝海计划

跨越产业的边际，整合不同的行业资源，以创意为基础，以差异化为手段，为市场提供一个新的产品，满足消费者的需求进而使生产者的边际利润提高！旭阳“朗晴广场”就是这样一个以“蓝海战略”为目标的地产项目。旭阳相信市场里总有一片蓝海，为城市的升级，重庆的国际化，我们愿意致力于地产项目的提升，把内容引进建筑，把生活方式结合地产，把国际化的浪漫氛围引进观音桥，为这个城市的成长贡献一份心力。在“旭阳 · 朗晴广场”里，我们在贩卖浪漫，在贩卖幸福……

重庆旭阳房地产开发有限公司总经理　林志亮

困局

——用主题和特色化的商场定位吸引整个商圈的消费者涌入

2005年一家台湾国际级的投资公司在重庆江北区观音桥商圈附近，通过竞拍获得了一块占地1.16万平方米的土地，开发商只为土地中标欣喜了两分钟，就逐渐清醒起来，刚获得的土地，其出让费已经超过了竞拍前预算。随之简称“两高一断”的问题被摆了出来，第一个高是高成本，土地的拍卖成本折算到楼面地价里是周边项目的4成，也就是说在建筑建安成本一样的情况下，房屋售价至少要高出其他项目4成。第二个高是区域供应量高，未来市场竞争非常激烈，典型的买方市场，项目一旦滞销，企业有可能血本无归。“一断”则是随着观音桥华新道的贯通，地块与观音桥核心商圈被车流割断，人气、商气戛然而止，项目前景堪忧。

夜战

凌晨2点钟，烟雾缭绕的会议室里，空气相当的沉闷。作为项目的合作伙伴，顾问公司的专家也出现在其中。台湾公司的老总在白板上清晰快捷的写下了自己的目标，非常简单，就两个字，第一是要“名”，这是台湾投资公司进入中国西部市场开发的第一个项目，要创造企业品牌知名度和美誉度，为企业日后融资搭平台，为后续开发的其他项目打开市场影响力。第二是要“利”，当然作为一个高端项目不是要超过行业平均水平很高的利，但至少保证30%的基础赢利目标。

顾问公司专家认为，项目虽然面临三个较大的问题，但也不能忽

← 屹立在街边的雕像，给整条商业街增添些许情趣

视台湾投资公司的国际资源整合实力和企业领导人的决心和意志。这些都是保证项目出彩出业绩的可贵元素。同时重庆的人均 GDP 已经突破 1 200 美元，即将迎来新的休闲消费时代。放眼未来的市场消费热点创造差异化消费价值就能够实现一般项目不可能做到的价值。第三方面虽然项目和商圈被城市快速干道割断，但从技术上是可以弥补这一商气、人气不足的问题。就这样，一场大胆的假设和小心求证后的营销观念逐渐清晰起来，这也为改变城市商圈格局，创造新消费营销观念的最后成形奠定了基础。

观念

顺势而为，借城市升级上位

从项目的价值构成分析来看，无疑观音桥商圈是项目最基础的价值来源，观音桥商圈规划面积 42.4 公顷，是西南地区最大的商业步行街，其未来的市场地位可以挑战“西部第一街”的解放碑商圈，这里已有北城天街（14 万平方米）这个最大的购物中心，以及茂业、远东等 5 家大型主力百货，家乐福、永辉、屈臣氏等 7 家超市，此外还有香港 CEPA 零关税商场，数百家服饰专卖店和餐饮酒楼，与解放碑现有 8 个百货商场、9 家超市的规模相比虽然尚有距离，但其综合实力及档次分布已难分伯仲。从未来市场形势发展来看，重庆北部富人区逐渐形成，计划再造一个重庆工业的“重庆浦东”——北部经开区

↑配合五星级酒店、超甲级生态写字楼，成品城市公寓形成一个城市综合体

↓ 香港，精致的壁花在阳光的映衬下，给人以幸福喜悦的感受

也逐渐成形，世界500强企业的入驻正好为北部重庆带来源源不断的人流、财流、商务流。江北步行街正好位于北部核心的地位，这里正是诞生北重庆未来都市中心最高端最具有国际品牌号召力集商务、酒店、高档购物中心体验式的城市综合体。而目前江北区商圈这类高端物业大多是单一功能的物业。不是简单的“大盒子”式的集中式商场，就是单独的写字楼项目，这里还缺乏一个能够扛起国际化都市标志大旗的项目，这就为本项目带来了机会。营销上有一种策略叫“高举高打高占位”。这个项目就是要夺取“城市综合体”这个高地，利用先发制人的优势树立一种新商圈商业的标准，就像自从重庆有了花园小区，单体楼项目就风光不再了一样，花园小区其实就是一种新的生活标准，在这之后的房地产项目也只能走花园小区的道路了。

蓝海“城市围被”谋略成形

2004年在亚马逊图书排行榜上出现了一本热得发烫的书“蓝海战略”，这是一本哈佛商学院出版社出版，关于研究市场竞争理论的书，

他们研究了百年来三十家企业体的一百五十个策略个案，发现割喉式的竞争只会造成一片血海；真正获利的企业应彻底甩开对手，自辟没有竞争的新市场。蓝海策略强调价值的重塑和创新，而不偏执于技术创新或是突破性科技发展。作者指出，能够超越竞争而成功的企业，不是去挖掘自己的顾客需要什么；而是研究非顾客的需求。过去企业在红海中厮杀，彼此竞争的是价格，只能靠大量生产、降低售价来获取利润。本书提出，成功的企业应同时追求差异化和低成本，创造出属于自己的市场。就是这样一种蓝海市场竞争战略逐渐在合作团队营销专家的脑海中形成了。

经过详细的市场调研，确定了蓝海项目的方向，以国际先进的情景体验式商业购物中心的模式，顺应未来重庆顾客对零售的需求及对休闲方式的追求。它具有露天开放及良好环境的特征。主要有高端的全国性连锁专卖店，或以时装为主的百货主力店，多业态集合，以休闲为目的，包括餐饮、娱乐、书店、影院等设施，通过环境、建筑及

↑加拿大多伦多 DUNDAS SQAURE 恋人的空间

↓ 该项目是重庆版"Lifestyle Shopping Center 主题式体验购物中心"

装饰的风格营造出别致的休闲消费场所。"

本案例就是要创造重庆版"情景主题MALL";用主题和特色化的商场定位吸引整个商圈的消费者涌入，再配合星级酒店、甲级生态写字楼，城市公寓，形成一个城市综合体，增强循环能力。变吊角的不利为目的聚客的洼地。被城市包围的策略就逐渐清晰起来。

国际视野 放眼未来产业

所谓国际化就是与国际标准接轨，从重庆目前现存的5大商圈格局来看，都没有跳出同质化层面，业态、业种、商家品牌都非常相似，本土化特征明显，都是属于内战型的。那么代表观音桥这个西部最大商圈未来标志的是什么？又有什么样的项目能够让观音桥商圈超出中国甲A的比赛范围，向世界杯的赛场迈进。日本的著名学者大前研一说过一句话"任何城市的发展都有一定的规律性，我们只要研究一下发达城市就能够看到其他非发达城市必然发展的轨迹"。就这样，一支专业营销团队飞到了宝岛台湾，在最繁华的台北街头驻足探寻观音桥商圈潜在的发展轨迹。

有一种未来商业进入我们的视线，据统计，台湾爱情相关产业一年商机达50亿台币，2005年，台北大直美丽华购物中心摩天轮被票选最佳情侣约会地点。2004年11月至2005年11月13个月，台北的美丽华mall摩天轮共计有140万搭乘人次，现场售价平日成人150元（儿童120元），假日成人200元（儿童150元），每年2亿台币商机。140万人次只是搭摩天轮买浪漫单一目的，外围商业互相带动更大商机，摩天轮浪漫印象成为大直恋爱特区最大印象优势。美丽华购物中心餐饮总营业额10亿（占总营业额的15%，为台北百货商业中最高的）。台北恋馆、轻井泽、伍角船板、MOS的盛况，将来还有薇格精品等6家旅馆、6家主题餐厅加入。浪漫商业已经成为最具潜力的商业选择。

国际团队 建造商业功能建筑

商业建筑也是商业成败的重要载体，项目一开始就确定了高起点的基调，用日本著名的设计师六本木的理念“开创一座购物体验式的新世界”。邀请国际著名的KKS建筑师事务所进行建筑设计，确定了“由室内到室外，由低楼层到高楼层”都浪漫的原则，随之一些商业建筑新理念逐渐丰满起来，商场室外的广场被确定为“新古典主义的浪漫广场”修建了一处现代与古典结合的，有浪漫氛围的建筑，还设置了许愿池、能随着人走动而发出美妙声音的音乐地板；在商场的室内安置了天幕投影，使每层商场楼顶都能看到蓝天白云，此外还设置了能够将游人投影到电子屏幕上的动感电子屏；在商场内还出现了楼中楼的建筑，就是在商场室内的中庭有二层高的小楼，设计了欧洲的石板路、铁艺、巴罗克式的卷肱，还有红酒窖；日本建筑师甚至提出了要在商场四楼的裙楼顶部做一个透明游泳池，让在商场里购物的消费者看到在裙顶游泳池里畅游的人，就像来到了海洋馆一样。经过无数次的论证一个度身定造的充满商业功能的建筑终于成形。

交响乐营销理论 助推浪漫双城记

营销界有一种传播推广理论就是“交响乐营销理论”，传统国乐与交响乐最大的区别就是，交响乐是合奏的，从小提琴、大提琴到笛子、鼓、黑管、钢琴等，所以听起来气势恢弘，四面八方都能给人以震撼，就像贝多芬的命运交响曲如果不是交响乐演奏的话肯定不会给人以灵魂级的感动，而传统国乐通常就是独奏，比如古筝独奏、二胡独奏等，缺乏配合，个性明显，但震撼性不足。在朗晴广场这个项目的营销推广上就采用了“交响乐营销理论”，以浪漫为主线，从营销事件开始，2007年正好是重庆直辖十周年，也是香港回归祖国十周年。朗晴广场项目的蓝本是香港的朗豪坊，香港的城市定位是“浪漫之都”，所以确定了第一个推广方向“浪漫双城记”，从香港到重庆最短的距离就是朗晴广场。把香港的商业价值、浪漫元素从户外到报纸软文、从楼宇广告到公车、从新闻发布会到销售体验中心全部罐装。一时风卷红旗满山飘舞，朗晴浪漫广场天下皆知，创造了良好的营销攻势。

我们回顾浪漫广场，并不是为了彪炳我们这群营销人的“丰功伟绩”，而是给大众营销人一点启示，就像古希腊传说中盗取宙斯火种的普罗米修斯一样，带给大家一些智慧的火花，祝愿大家在漫长的职业营销人道路上越飞越高。

← 法国马赛老港的骑楼餐厅，宜人的尺度、古旧的石墙令人流连

附件：浪漫广场的策略逻辑思考过程

旭阳蓝海计划

我找不到波茨坦广场！
不，我是说，这里……
这里不可能是波茨坦广场，因为波茨坦广场里有尤斯蒂咖啡馆，
下午的时光，我在那里和人聊天，喝了一下午咖啡，观看着路人，
之前我在律斯舆瓦斯那里抽了一根雪茄，那个闻名的雪茄店，
就是在这里的对面，
这里不可能是波茨坦广场，不是的！
但是我不想放弃，
直到我找到波茨坦广场！

摘录自 1987 文德斯电影《欲望之翼》旁白

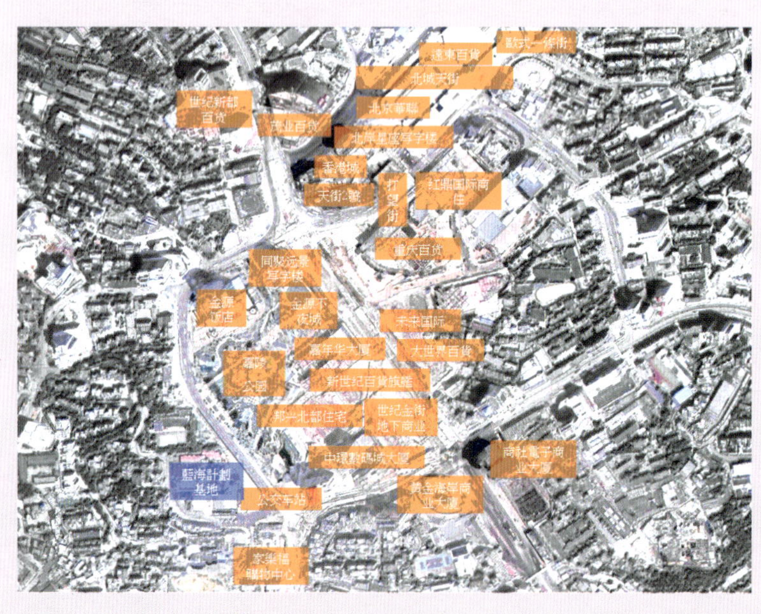

嘉陵公园中轴扩散
休憩商业复合形态
百货公司超市林立
廊带游憩走廊成形
商业肌理盘整中
2005天街人流剧增年
广场活动行为愈丰
打望穿廊助益天街
沿街key store日增
目的消费-不夜城
公车站总站人流

观音桥大环境态势
城市肌理
商业型态肌理
商业肌理
消费地图
汇聚肌理
业态业种大致分布
档次肌理
人潮、人流、聚集
人流肌理

西南内地最大步行街
水舞地景色堆叠
传统商店零布其间
地下商业消费
观音桥步行回流拉长
步行街茂业背街形成
观音桥全入主大能量
Big box store日增
目的消费-家乐福
目的消费-永辉超市
目的消费竞争展开

蓝海计划**围被**策略

守住这块地，是守株待兔。

蓝海计划胜算在反被动为主动的操盘策略，主动提出扩张型开发主张；就这样的概念，蓝海计划敷地不仅止于基地内产品研发，更将扩及周遍环境与地块的影响，包括天桥、公车站、对街公园整体周遍，而这个“新概念环境”也将因蓝海计划被提升为“新蓝海领域”，公共空间使用率提高、商业升级，形成观音桥步行街的新集客区。

好让蓝海领域和原步行街商业熟络能量相融

破观音桥步行街原有的局

2. 是Scale尺寸的，是都市眼界大量体商业图被、互动的

1. 是Mass量体的，因量体产生与正步行街商业住宅锯与竞争

蓝海计划操作两条主轴线

蓝海计划**围被**策略

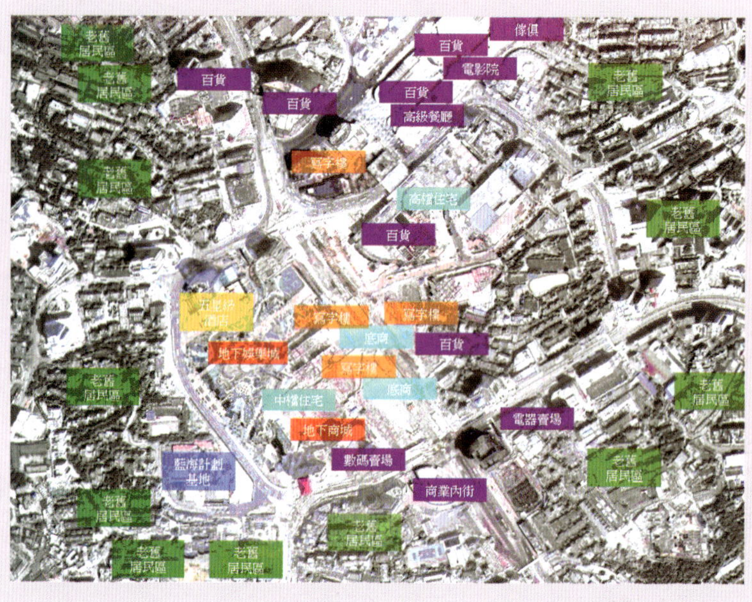

老舊
居民區
傢俱
百貨
電影院
百貨
百貨
百貨
高級餐廳
老舊
居民區
寫字樓
老舊
居民區
高檔住宅
老舊
居民區
百貨
寫字樓
寫字樓
底商
百貨
地下娛樂城
寫字樓
老舊
居民區
底商
老舊
居民區
中檔住宅
電器賣場
地下商城
數碼賣場
藍海計劃
基地
老舊
居民區
商業內街
老舊
居民區
老舊
居民區
老舊
居民區

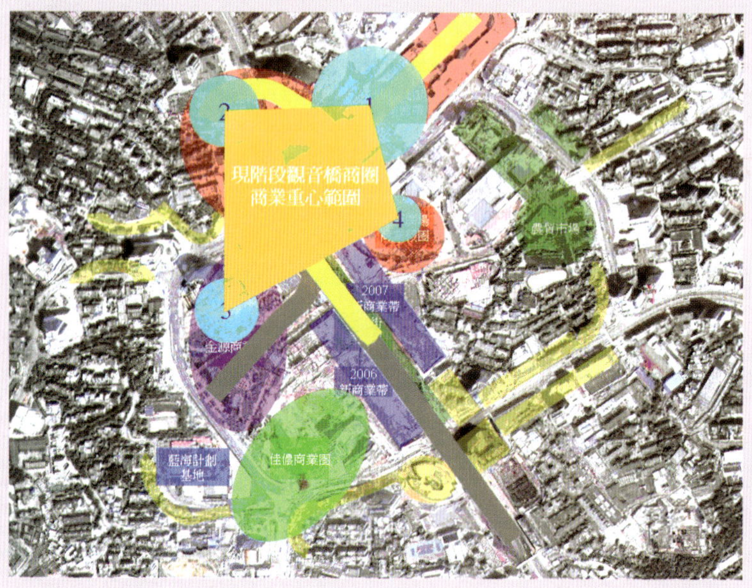

2
1
現階段觀音橋商圈
商業重心範圍
4
農貿市場
3
2007
新商業帶
2006
新商業帶
藍海計劃
基地
佳儀商業園

在一味奢华商业之外

重庆偷得浮生新生活领域——解放碑没有

生活的旅途・惊艳

重庆前所未见的生活文化剧场，花、咖啡、扶梯广场

商店形式特色・惊艳

欧洲古街与生活环境氛围，围塑而出的特色商店

红酒・惊艳

重庆藏酒最丰地下酒库：150家酒庄、2 500瓶佳酿收藏；招商-广州惊艳会、义馨行

音乐・惊艳

Best of Jazz、Blue、Bossa Nova、Lounge领地，环绕透明惊艳会酒坊F4酒吧街

食物・惊艳

沿海到中国香港、新加坡、中国台湾集结特色餐厅

装置艺术・惊艳

国际装置艺术大师展、小剧场

眼神交会・惊艳

摩肩擦踵・惊艳

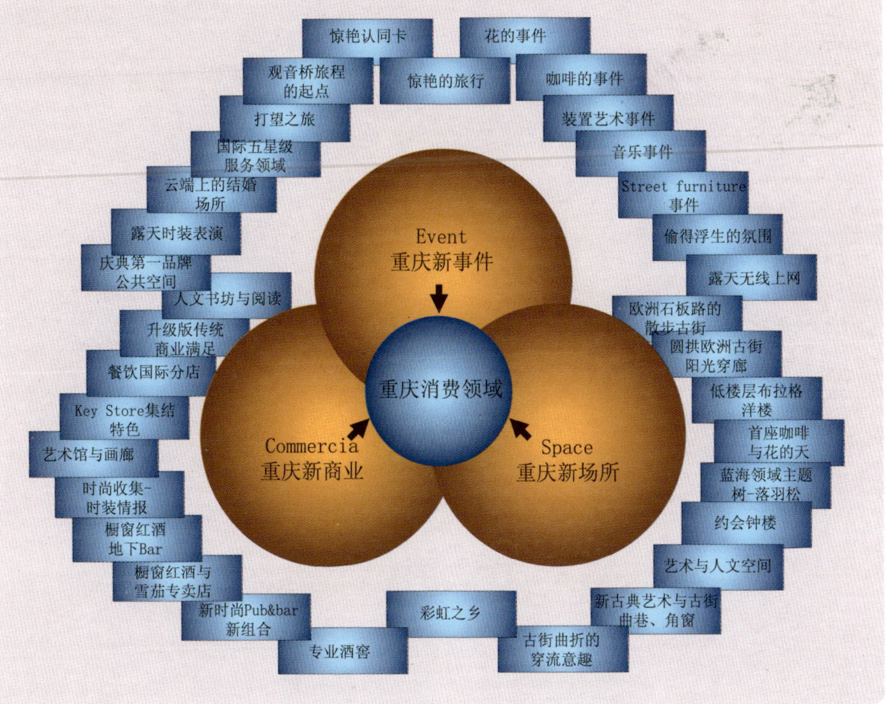

附件：项目街区功能分析

本项目是原嘉陵公园旁老干中心地块，项目南临建新中学、北接蜀都小学、西靠小宛大社区、东朝嘉陵广场。周边与金源大酒店（五星级）、重庆市规划院、中小企业局、家乐福超市、重百江北商场、世纪新都、北城天街等为邻，所属板块为江北区核心商圈——观音桥商圈。

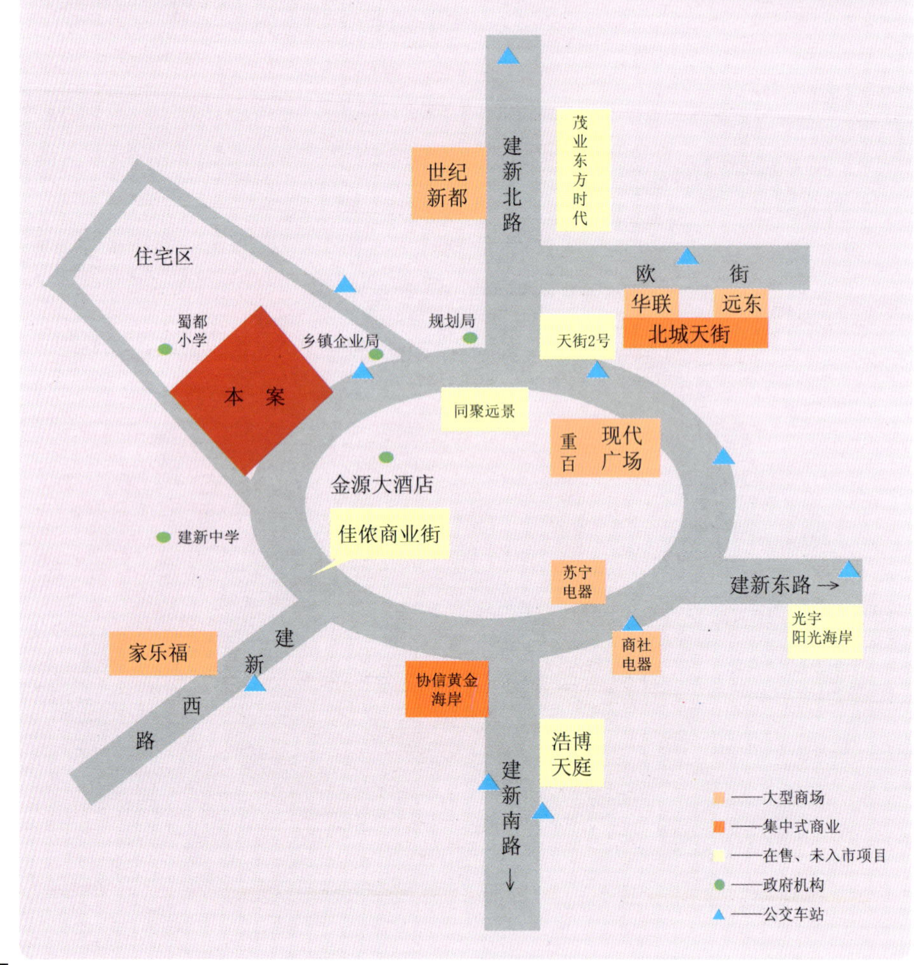

新的观音桥商圈规划范围南起观音桥转盘，以建新西路为界；北至世纪新都、工商银行、中国银行；西以嘉陵公园、渝北商场及现状道路为界；东至龙湖北城天街、观音桥农贸市场、江北区中医院支路，规划区面积 42.4 公顷。商圈将建设成为以商贸为主导、以步行街区为载体、以零售批发为基础、以购物休闲为主题、以都市景观为标志的重庆北部商贸中心。

功能区规划

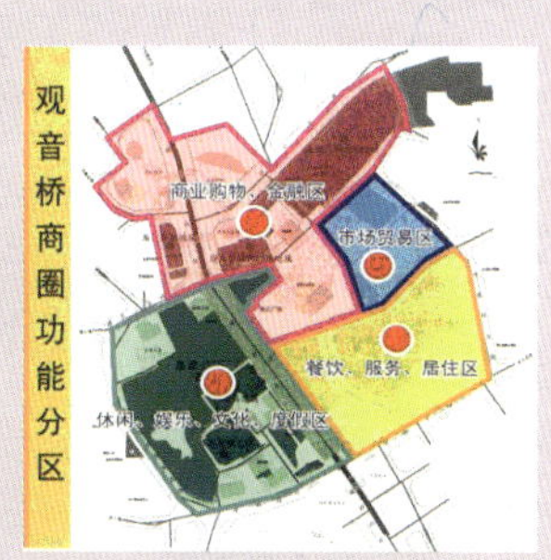

1. 商业购物、金融区：包括世纪新都江田君悦、龙湖北城天街、重百江北商场等区域。

2. 市场贸易区：包括观音桥农贸市场及改扩建区域。

3. 餐饮、服务、居住区：包括渝北二村片区。

4. 休闲、娱乐、文化、度假区：包括嘉陵公园、步行街及周边区域。

功能定位

综合以上定性和定量的分析，我们建议项目综合定位为：

国际化菁英魅力街区

它包含：

一个国际化菁英住区

一个引领潮流的时尚之都

各细节的打造

设置购物小憩的长椅，增加产品设计的人性化

突破传统大喷泉布局，在内街设立与人亲近的旱地小喷泉

结合重庆雨季较多的情况，在沿街门面设立骑楼，一方面引导客户人流导向，一方面适宜商业氛围的营造和包装。

为了增加二楼以上的商业价值，商业各组团之间，通过连廊进行有机的连接，局部设置室外楼梯，增加上下的空间的通道。

内街小品的实用性与观赏性和和谐统一

具备采暖功能的路灯设置导示仪牌的实用性与美观相结合

塔楼部分产品建议

（一）总体定位

50～90 平方米精致两房为主的城市公寓

（二）特色打造

以首层全部或部分架空，以及建筑与环境相互穿插渗透等方式，把社区完善的配套设施就近设置在架空层内，同时使硬质的建筑界面在近人尺度内得到有效的柔化。

酒店式豪华装修大堂

高品质生活会所配置

高贵典雅的会所设置

VIP 会员制的室内恒温泳池

城市工业记忆亟待保留

——一个与建设厂擦肩而过的方案引发深思

2007年4月渝洽会上，国家重点兵工企业——重庆建设集团有限公司（下称建设厂）的土地归属问题终于水落石出：香港华润置地有限公司斥资20亿元，拿下了建设厂片区1 058亩土地。在随即进行的改造中，华润置地还将投入80亿元，打造总建筑面积近200万平方米、集商住一体的综合高档社区。

谜底揭开后，人们的关注焦点迅速转移到这宗大手笔买卖的背后：建设厂会被改造成什么样？重构的九龙坡商圈是否有区别于其他商圈的特质？大规模的老厂区被拆除后，我们的后代是否还知道，在林立高楼之前还存在着支撑整个城市发展的原始动力？

这些疑问殊途同归，那就是，老工业元素能否在建设厂改造后继续存在，并成为提升楼盘价值甚至九龙坡商圈气质的灵魂？

重庆地产人又一次强烈呼唤，工业元素应该成老重庆的灵魂所在，它也是未来重庆城区别于其他城市的特质之一。

一个擦肩而过的方案

—天津万科水晶城保留的工业元素，形成了其独特个性。

笔者调查了解到，其实早在3年前，重庆建筑设计界的一批先见人士就曾提出过对建设厂的改造方案。

据悉，建设厂的搬迁是重庆“退二进三”旧城改造战略中重要项目之一。得知建设厂大片老厂区被列入旧城改造范围中后，全国众多房地产开发机构闻风而动，纷纷来到重庆参与竞标。当时，重庆立业房地产顾问有限公司受邀于重庆某知名房地产开发企业，参与了建设厂改造策划方案的制作。

“房地产也需要有气质流露和灵魂的表达。”立业地产顾问公司副总经理沈光明表示。经过多次讨论，他们确定，建设厂本身不可多得的工业气质就是整个改造工程始终不变的灵魂。

从工业到生活，如何既保留历史遗赠的工业财富，又让陈旧的工业元素焕发出新意呢？笔者辗转联系到了曾参与方案制作的前期市场调研人士，如今在香港的付春晖小姐。“保留需要前提，要能产生价值，仅仅是感情上的留恋，是不够的。”她说。

经过多次实地勘察，策划小组确定了思路：建设厂的工业痕迹可以建设性保留，让工业建筑中注入与现代城市生活有关的东西，使建筑从工业载体，变成具有生活、商务、流通等多种功能的城市载体，而不仅仅是一种怀念和瞻仰性的保全。

方案大胆提出了“工业创造城市，时代重构生活”的概念，其本质是：一场贯穿两个时代的传承与变迁，一场涉及两大产业领域的资源重组与升级，一场触动几代人对事业与生活的观念变革。

“要注入与城市生活有关的东西，还必须结合这个地块现有的城市距离。”付春晖解释说，“建设厂与杨家坪商圈接近，有商业的潜质；与九龙坡产业园区接近，有商务的潜质；与黄桷坪四川美院接近，有意识文化的潜质。所以我们当时提出：厂房的保留方式可以多重，未来功能可以多元。”

因此，方案中设计了类似798的创意产业的工作间，工业化的商业空间，他们甚至设想，利用厂房的高空间，在内部组织一些特殊交通，与轻轨和城市干道关联。留下标志性的工业元素，做成工业小品，哪怕是一截烟囱、一段铁轨、一台老设备……拥有这些特殊气质的新建筑，将沉淀出重庆作为一个工业城市的历史气味。

而且，建设厂部分临江，也是九滨带的重要部分，建设厂的工业元素将会是九滨带区别于南滨路和北滨路的差异化名片。“工业不能代替建设厂地块和九滨带的全部，但它会是一种标志，是上一代工业人和下一代城市人共同关注的特质。”付春晖说。

可惜的是，开发商的易主，让这个具有超前意识的设计方案还未细化就提前夭折，彻底与建设厂擦肩而过。

重庆地产需要工业记忆

随着城市化进程，像重庆一样的工业化城市逐渐面临着大量厂房的改造。旧城改造中，创意地产或者称为工业地产、文化地产的概念在中国还刚刚起步。

三峡博物馆城市发展研究部主任张荣祥告诉笔者，重庆城自开埠以来，地方民族工业因码头的兴盛而逐渐起步。抗战陪都时期，沿江沿海的大量工厂迁到重庆，其中有钢铁、兵工、化工、纺织、煤炭等，形成了以重工业为基础，工业门类比较齐全的格局。

“这一次民族工业的大规模内迁，不仅使重庆工业支撑了整个抗战，同时也完善了重庆的近代工业，保存了中国近代民族工业的火种。”重庆工业对于近代工业的重要性，张荣祥作出了高度评价。另外，“三线建设”、“一五计划”的进行，逐渐构成了现在的重庆工业格局和状况。工业为这座城市做了不可磨灭的贡献。

“这些老厂房、老设备具有大量有价值的历史记忆和工业生产、建筑、美学及其他人文信息，它们记录着城市的历史足迹，也是城市的个性注解。”他说。

刚从北欧赫尔辛基回来的沈光明，对国外改造旧厂房的方式特别感触：“简洁时尚的现代建筑和老建筑、老厂房融合得相得益彰，水乳交融。”在赫尔辛基，老建筑有的作了工作室、有的作了商业中心、还有的成了居民住宅、博物馆、酒店，传统元素与现代风格浑然一体。

工业是重庆这座城市最重要的记忆构成，是重庆得天独厚、区别于其他城市的重要特征。除建设厂之外，重庆还有重钢、嘉陵、长安等大型机器厂、兵工厂，迟早都要面临迁出主城改造利用的局面。

遗憾的是，重庆至今还没有一处大型老厂房非常漂亮地和创意地产结合。长江电工厂迁出后的楼盘融侨半岛，是完全新建的现代建筑，整个楼盘完全丢失了百年老厂的气质。旧城改造逐渐走向可悲的千镇一面，失去城市特质的状况发人深思。

“工业元素应该是重庆在旧城改造中要抓住的特质之一。历史和文化带来的价值，会提升整个楼盘的品质，不仅让建筑充满生命力，同样会让城市拥有记忆。”沈光明说。

机遇与挑战同在

如果说，3 年前建设厂的方案搁浅，是当时开发商理念不够国际化，还未跟上设计者的先知先觉而造成的遗憾。那么，近期另一份对光学仪器厂的改造方案被束之高阁，更应该引起房地产业界深思：创意地产的发展，会面临许多现实的问题。

对开发商来说，做这样决策是有风险的。沈光明分析，重庆很多开发商还处在财富积累的过程，其次才考虑到社会责任感。这使得不少开发商习惯规避风险。而这些风险里，就包括了创意地产。

比如，旧厂房改造中空间的留白，这对开发商来说，不能实现容积率的最大化。其次，保护、修复老建筑本身会投入资金，让形式符合于功能，又无形中增加了成本。另外，它需要更精准的定位和招商，是更复杂的营销系统。

本文写作过程中，笔者就建设厂最终方案有无设计到工业元素保留，是否打造创意地产询问了华润置地重庆有限公司副总经理原强。

←建设厂的老厂房能否被保留下来，成为城市的记忆，如今仍是一个谜。

原强表示，华润置地已经意识到历史和文化对一个楼盘的品质铸造的重要意义。因此，华润从 5 家竞标公司中，选择了国内创意地产的成功项目——天津万科水晶城的主笔设计师打造建设厂方案。万科水晶城也是由一个历史悠久的玻璃厂改造而成的，从玻璃到水晶，形成水晶城最与众不同的地方，使它拥有浓郁的城市意向和历史感的文化传承。

“我们会给设计师提出要求，尽量保留有价值的工业元素来体现历史感和文化气息，但结果如何，还有很多因素制约。”原强说。

制约的因素之一是到底有多少东西值得保留。原强曾到重庆的几个工厂调研过，一些具备保留价值的东西在不断修复过程中被人为破坏掉了。建筑的历史感消失了，一些建筑只看得到后 20 年的历史。这点十分可惜。另外，重庆天气多雨，让重庆人不太喜欢深色立面的建筑，建筑外墙简洁、清爽，很难体现历史的厚重感。

如何找到历史、文化与市场的平衡点，仍然是创意地产中值得探询的问题。

附件：失去工业元素传承，城市将成为孤儿

赫尔辛基的有轨电车

北欧建筑风光

信息浪潮下的北欧建筑

谈到工业与建筑、工业和设计，人们第一印象会从包豪斯学院开始，那里有格罗庇乌斯、梅耶和密斯 · 凡 · 德罗。

当下，全球正在进入后工业时代，信息化的浪潮扑面而来，我们回过头来看工业在建筑形式上的表达，使我们有一种历史使命感。

对于我们的城市，一个曾经以工业著称，而当下依然以工业为支柱的城市，我们应该如何面对？在这里我们将北欧一些工业化元素和现代建筑结合的融洽感传递给读者，希望能有一些有益启示。

电车是工业革命的产物，电车和道路，道路和建筑，建筑和城市之间的和谐是那个时代的最重要的考量标准。在北欧，赫尔辛基保留着有轨电车，欧洲很多城市都是如此。公路与轨道形成了主城区交通网络，和谐而便捷，对我们而言，恍若时空倒回。重庆也曾就是否保留电车有过一番争论。其实，重庆城市电车的历史久远，是非常具有影响力的城市特征。遗憾的是，电车最终彻底退出城市舞台。

谈到城市电车，不得不谈到北欧的城市道路，花岗石的，看似年代久远，间或有电车轨道穿插其间，让人想起了阡陌纵横的封建农业，这是一个让人产生联想的城市。电车见证工业最繁荣的时代，它是一个城市移动的风景，虽然当前步履蹒跚，但它是另类的不容忽视的建筑表达。

城市里的工业建筑也能和旁边的商业建筑构成和谐而冲撞的美

芬兰湾，某酒店向左，有一个极高的工业化烟囱。如果仅仅是烟囱，的确没有必要大书特书，关键是这个50米高的烟囱左边是极工业化的建筑，红砖、钢材、工业化的阶梯、生硬的玻璃，方正得苛刻。右边则是明快之极的现代建筑，窗明几净，通透如无，这完全是黑色密斯的风格，有点包豪斯学院的味道。商业建筑外挂时尚的商业标识和旁边的工业构架相互依存，有一种和谐而又冲突的美。看过水晶城，看过798艺术工厂，其实工业与居住有时是能够和谐的。

一个叫做FIRST的连锁酒店让我们对工业建筑有了更多的认识，酒店由一厂房改造，年代较远的青砖清晰可辨，但通过后期一些建筑元素包装与点缀，却有老树新花的意味。这样的建筑表现在这个城市中经常看到，在德拉门河岸的黄昏中，我们就多次看到这种新生或正在新生的建筑，陈旧的青砖或红砖的工业化厂房被重新设计成酒店、办公场所、购物中心等不同用途的新的城市功能。改造后的酒店内，新旧元素对比，空高的先天优势，所表现出来的LOFT概念使其别有一番风味，大堂入口上空的廊道设计，让人想到了麓山国际的会所。

由厂房改造的FRIST酒店

FRIST酒店的大堂

在德拉门河流上看到一座新修建筑，面对河流一字展开，简洁、通透、硬朗，这种风格隐约让人看到密斯凡德罗的风格，从立面设计到环境景观，再及建筑小品，再至与河流对接应用时的内湾水体，再至广场上的广场伞皆为方形设计，感觉到一种几何角度阳刚的美。临河部分阳台设置亦极有意思，方形阳台上下错落展开，并在局部形成通廊，形成景观的最大应用及对外景观的交互，这种通廊有点像龙湖弗拉明弋阳台部分的考虑，充分表达了居住空间在特定环境下的设计，

密斯凡德罗风格的新建筑有上下错落展开的宽敞阳台

阳台的尺度感有点万科17英里的意味，只是BOX的感觉不是特别明显，在对舒适环境的追求方面，东西方的考虑比较接近，毕竟建筑的目的都得服务于人的生活方式，而人对于生活质量的追求，无论东、西方都应该具有趋同性。

后记

中国的西部在发展上要比中国东部地区晚十年，有一群伙伴持续十年为着共同的理想在奋斗！一个一个的项目，一年一年的成长，一个一个的台阶，重庆，成都，西安，长沙……他们深信：观念不仅可以改变人，观念也可以改变城市！

我熟知这一群伙伴，并为这群伙伴感动。在编辑本书的过程中，我可以回想起伙伴们一步步的脚印，一次次的争论，一个个不眠之夜……这是中国改革开放发展最快的十年！这是中国西部第一个直辖市的第一个十年！这是我们这代人幸运的十年——我们遇到了中国最有意义的年代！

我们花了很多时间回忆过去，我们花了很多精力同各项目的业主和相关人员交流，希望我们的体会能反映中国西部城市的一个飞跃发展的缩影，能为我们这个年代尽一份力。

在此，我要感谢李元胜先生，感谢时代信报创意周刊的朋友们，感谢重庆大学出版社，没有他们的策划、参与和支持，本书不能问世；感谢十年来合作的各业主单位伙伴们，没有他们的支持，就没有本书！感谢立业机构的伙伴们，没有他们本书案例就不会有这么精彩！

喻际如

2008 年 1 月 5 日